Susanne Klimt

Magische Orte in Schottland 2

Susanne Klimt

Magische Orte in Schottland 2

„Magische Orte in Schottland 2"
1. Auflage September 2020

Ancient Mail Verlag Werner Betz
Europaring 57, D-64521 Groß-Gerau
Tel.: 00 49 (0) 61 52/5 43 75, Fax: 00 49 (0) 61 52/94 91 82
www.ancientmail.de
Email: ancientmail@t-online.de

Verantwortlich für die Produktsicherheit:
Ancient Mail Verlag – Werner Betz
Europaring 57, 64521 Groß-Gerau
Email: ancientmail@t-online.de

Bibliografische Information der Deutschen Nationalbibliothek:
Die Deutsche Nationalbibliothek verzeichnet diese Publikation in der Deutschen Nationalbibliografie; detaillierte bibliografische Daten sind im Internet über http://dnb.dnb.de abrufbar.

Coverfoto: © inigocia creativemarket.com
Gestaltung: Werner Betz
Druck: WIRmachenDRUCK GmbH, D-71522 Backnang

ISBN 978-3-95652-291-8

Inhalt

Vorwort

Liebe Leserinnen, lieber Leser,

ich reise seit vielen Jahren zu den geheimnisvollen Orten dieser Welt. Meine Reportagen für namhafte Zeitschriften führen mich stets zu Plätzen, welche sich selten in einem Reiseführer finden lassen. Mein Herz gehört Schottland. Auf den Wegen meiner Ahnen begebe ich mich immer gerne an die wunderbaren Orte meines geliebten Landes, um alte Traditionen und Bräuche weiter zu geben, so dass diese erhalten bleiben und beschreibe besondere Bauwerke, mystische Orte und geheimnisvolle Kraftplätze.

Aufgrund des großen Erfolges des ersten Teiles freue ich mich umso mehr, Ihnen nun den zweiten Teil präsentieren zu dürfen!

Es geht mir nicht darum über ein ganzes Land zu schreiben, sondern einfach nur die Schönheit, verborgene Kulte und die energetische Schwingung der meist sehr ausgefallenen Plätze mit Ihnen zu teilen.

Natürlich bin ich auch stets mit meinen Recherchen bemüht, weitere noch ungeklärte Phänomene aufzudecken, um zu den bereits bekannten Forschungsergebnissen meine Erkenntnisse beizutragen.

Kommen Sie mit mir in ein Land, wo ich mit viel Herzblut, Liebe und Engagement keine Mühe gescheut habe, an die manchmal entlegensten Plätze zu fahren, um Ihnen davon zu berichten.

Lassen Sie sich für einen Augenblick von mir in meine Welt des Ungewöhnlichen, Geheimnisvollen und Paranormalen entführen-ich freue mich auf Sie!

Herzlichst Ihre

Susanne Klimt

Dalriada – Kilmartin Glen und seine Tempel

„Welch ein schöner Sonnentag!“ denke ich, als ich durch das wunderschön, in einer romantischen Landschaft gelegene Kilmartin Glen fahre. Das Tal wird gesäumt von sich sanft im Wind wiegenden Wäldern, sattgrünen Wiesen und von Zeit zu Zeit stehen alte Cottages inmitten der leicht hügeligen Landschaft.

Hier im ehemaligen Königreich Dalriada, welches durch die Einwanderung keltischer Skoten aus Irland gegründet wurde, scheint ein wenig die Zeit still zu stehen. Ich bin auf der Suche nach den berühmten archäologischen Fundstätten, die auf einem riesigen Gebiet sich durch das ganze Tal ziehen.

Die Steinkreise von Templewood sind über 5.000 Jahre alt und eine der bedeutesten Anlagen dieser Art. Hier wurden auch sogenannte Cairns sprich Steingräber gefunden, wo Personen von hohem Rang ihre letzte Ruhe fanden.

Doch zieht es mich zu einer ganz besonderen, uralten Stätte hin – den Menhiren in der Tempelanlage von Nether Largie. Diese besondere, dem Mond geweihte in Form eines X gebaute, heilige Stätte soll eine ganz besondere Mystik umgeben. Ihre laut der Anwohner besondere, geomantische Schwingung, kann die Eigenfrequenz des Körpers stärken und die Sinne schärfen.

Das interessiert mich natürlich sehr und mit Wünschelruten und Kompass „bewaffnet" mache ich mich auf den Weg.

Von einem kleinen, halb in den Büschen verstecktem Parkplatz zeigt ein Schild in Richtung der grünen Lichtung. Ich höre Schafe die zufrieden vor sich her blöken und lausche der Vielzahl von Vögeln, die sich hier an diesem Ort zahlreich niedergelassen haben.

Über die immer feuchten, saftigen Wiesen führt ein kleiner Weg zu der imposanten Tempelanlage.

Irgendwie habe ich das Gefühl, ich müsste mich verneigen und kann diesem

Impuls vor dem Betreten der Anlage nicht widerstehen. Für die Menschen von Dalriada war dies ein Ort des Glaubens, der astronomischen Forschung und Platz für wichtige Versammlungen.

„Hallo Schafe!" sage ich laut als ich den Kultort betrete. Überall liegen die wuscheligen Wächter im Schatten der uralten Steine, so als ob sie von der guten Energie profitieren möchten.

Ich spüre die Kraft, welche sich noch auf potenziert, je näher ich zum Mittelpunkt laufe, dort wo sich die Energiebahnen treffen. Ich versuche mit meinen Wünschelruten den Platz abzuschreiten, stelle jedoch nach recht kurzer Zeit fest, dass dies ein größeres Unterfangen wäre. Aus diesem Grund lege ich sie einfach beiseite und beschließe diesen Ort lieber mit meinen Sinnen intensiv wahrzunehmen.

Die sogenannten Cupmarks – schalenförmige Symbole auf den Steinen, waren zu der damaligen Zeit typisch für besondere und heilige Plätze. Ihre Bedeutung ist bis zum heutigen Tage nicht genau bekannt. Man vermutet, dass es sich um astronomische Symbole handelt, aber wirklich sicher ist das nicht.

Ganz besonders an diesem Ort sind 2 Steinpaare, die jeweils eines im Süden und das andere im Westen stehen.

Zusammen mit den Schafen laufe ich weiter über das Gelände und mir ist so, als ob hier die Energien ständig wechseln. Die Schafe scheint das nicht zu stören, sie schauen lediglich, was ich da mache.

Es sei gesagt, dass diese Anlage 100 Meter Richtung Norden und 300 Meter Richtung Westen verläuft! Das ist schon ganz schön groß!

Ein etwas kontroverser Befürworter der Astroarchäologie erklärte, dass dies das wohl wichtigste Mondobservatorium im United Kingdom sei! Seinen Analysen zufolge, sind die mysteriösen, schalenförmigen Symbole und Kreise die Mondaufgänge und deren Aufgangspunkte in einem sich wiederholenden Kreislauf von 18,6 Jahren. Es gibt auch Linien, die auf den Sonnenlauf hinweisen.

Die Familie von Duncan Williamson, einem international anerkannten schottischen Geschichtenerzähler und Mitglied der Scottish Traveller Community, glaubte# fest daran, was man über die Steine seit alters her erzählt. Die Legende besagt, dass jeder Reisende in der Nähe der heiligen Steine Schutz findet, aber man sie nicht berühren darf, weil dieses Unglück brächte.

Wie auch immer dem sei, ich finde es sowieso immer wichtig, dass man sich an solchen Orten bewusst macht, dass sie immer noch von den heutigen Druiden genutzt werden und man schon aus Respekt nicht immer alles anfassen muss. Dieser Kultort wird seit 5000 Jahren für Gebete und heidnische Rituale besucht und dies ist ein absolut ehrwürdiger Zeitraum.

Das Kilmartin Valley beherbergt eine der vielfältigsten und besterhaltenen Sammlungen prähistorischer Stätten in ganz Schottland. Steinhaufen aus der Bronzezeit, neolithische Kammergräber und rätselhafte Felszeichnungen befinden sich in einem Umkreis von nur drei Kilometern um das malerische Dorf Kilmartin.

Etwas weiter südlich liegt die Festung Dunadd, in der einst die Menschen lebten, nach denen Schottland benannt wurde! Eine Vielzahl der frühen, schottischen Könige residierte hier!

Wenn man das Museum im Kilmartin Haus besucht, sollte man nicht vergessen auch den Kilmartin Linear Cemetry – den bronzezeitlichen Friedhof anzuschauen. Dieser liegt direkt zu Fuße des Museums und besteht aus fünf Steinhaufen. Früher einst bis zu 4 Metern hoch, zerstreuten sich im Laufe der Zeit die großen Kieselsteine in der Landschaft. Die Menschen früherer Zeit nutzten manchmal die großen Wackersteine zum Bauen und die Steingräber verloren somit an Höhe.

Dadurch legte man auch sogenannte Steinkistengräber frei, in denen man als Grabbeigabe hochwertige Halsketten ausgrub.

Der nördliche Cairn ist der wohl am besten erhaltene. Um ihn besser begehen zu können, wurde er in früherer Zeit umgebaut. Ein moderner, viereckiger Raum ermöglicht das Betrachten der Steinkisten. Auch hier wurde der riesige Deckstein mit Symbolen und Cup Marks versehen. Bei Ausgrabungen im Jahre 1930 wurden in ihm menschliche Zähne, Holzkohle und Ocker entdeckt.

Der südliche Cairn stammt auch aus der Zeit um 3000 v. Chr. Er wurde höchstwahrscheinlich über einen sehr langen Zeitraum für Bestattungen ganzer Generationen verwendet.

Das alles findet man in der Nähe der Temple-Wood-Steinkreise. Man nimmt an, dass diese für Ereignisse des Sonnenlaufes genutzt wurden.

Wie schon beschrieben – hier reiht sich wirklich eine archäologische Fundstätte an die andere.

Neben dem Museum kann man die Rekonstruktion einer Eremiten Steinhütte anschauen.

Dazu sei gesagt, dass der Name Kilmartin oder Cill Mhartuinn im Gälischen „Kirche von Sankt Martin“ bedeutet.

Das gälische Wort für Kirche „cill“ kommt vom lateinischen Wort „cella“, welches oft als Bezeichnung für kleine Kirchen und die dazu gehörigen Siedlungen benutzt wurde.

So auch für die kleine Einsiedlerzelle die im englischen „cell“ genannt wird. Viele Plätze in Argyll haben das Wort „cill“ im Ortsnamen. Es gibt acht an der Zahl und keine Siedlung weiter als 10 Kilometer auseinander liegend. Dies hatte den Grund, dass niemand zu weit laufen musste, um einen Priester zu finden.

So wie die frühen Kirchen ohne Mörtel und Holz zwischen den Steinen gebaut wurden, so wurde auch die kleine Einsiedlerzelle gebaut.

Ein gälischer Poet des 9. Jahrhunderts träumte davon seine letzten Jahre in solch einer kleinen Zelle zu verbringen und schrieb folgendes Poem:

„Alleine in meinem Andachtsraum,

mit niemanden außer mir selbst,

dies würde eine exzellente Pilgerschaft sein,

bevor ich ein Stelldichein mit dem Tod habe.

Eine kleine Zelle, weit entfernt und versteckt,

um die Vergebung aller Sünden zu erhalten,

für ein Gewissen rechtschaffen und makellos,

auf dem Weg in den Himmel."

Welch Ehre muss es für die damalige Auffassung der Menschen gewesen sein, in einem eigenen, heiligen Raum in aller Bescheidenheit und Demut zu wohnen!

Ich beschließe mich noch ein wenig im Museum umzuschauen.

Die kleine, aber feine Ausstellung ist ebenfalls sehenswert und der Kaffee der beste in der Gegend!

Ich mache mich auf den Weg zurück, denn der Abend bricht an und taucht die weitläufigen Wiesen in ein goldenes Licht. Ich kann mir gut vorstellen, dass die hier seit 5.000 Jahren ansässigen Menschen eine besondere Verbundenheit mit diesem Geschichtsträchtigen Ort haben. Alle Personen mit denen ich mich hier unterhalten habe, haben immer wieder beiläufig erwähnt niemals von hier fort zu ziehen und dass ihre Ahnen hier immer schon gelebt haben.

Für mich ist dieser Ort einfach magisch und ich beschließe im Geiste einmal wieder zurück zu kehren, um vielleicht zur Zeit der Sonnenwende die immer noch mehr als präzise Ausrichtung der Steine zu bewundern. Dann wenn an der Tag- und Nachtgleiche die Sonne zwischen den Steinen aufgeht.

Mit ein wenig Wehmut kann ich mich nur langsam lösen und mache mich auf den Weg in der untergehenden Sonne zum nächsten magischen Ort.

Dunino Den – Balkethly

Schon lange hatte ich von diesem uralten, magischen Ort gehört, um den sich seit Jahrhunderten viele Geschichten ranken und der als absolut magisch bezeichnet wird.

In der schottischen Gemeinde Fife, auf dem Weg von St. Andrews nach Anstruther gelegen, befindet sich mitten in einem kleinen Wald der Dunino Den.

Ich fahre durch die sanften, grünen Hügel und Wälder, die so malerisch mit ihren feuchten Auen und dem darauf für Schottland typischen, zotteligen Hochlandrindern mich wie in eine andere Zeit zu führen scheinen. Hier ticken die Uhren noch langsamer. Kleine Cottages und Farmhäuser tauchen ab und zu in dieser ursprünglichen Landschaft auf und sind wie aus einem anderen Jahrhundert Zuflucht für Mensch und Tier.

Doch wo soll nun dieser zauberhafte Ort sein? Suchend schweift mein Blick durch die Landschaft und mein Navigationsgerät scheint hier vollkommen vom Satelliten abgeschnitten zu sein.

Ich fahre eine kleine Kirche an, deren Dach ich durch die dichten Baumwipfel des kleinen Wäldchens nur erahnt hatte. Wo Kirchen sind, sind auch Menschen die man fragen kann und so parke ich auf dem kleinen Parkplatz erst einmal ein. Es ist Sonntag und in der

Kirche wird grade eine Messe gegeben. Da möchte ich nicht stören und mache mich auf den Weg, den Zugang zu Dunino Den zu suchen. Da sich die Kirche Dunino Parish Church nennt, kann es ja nicht weit sein!

Schiefe Grabsteine, keltische Kreuze und eine uralte Mauer säumen den schmalen Pfad entlang am Friedhof vorbei. Ich laufe immer tiefer in den Wald und habe plötzlich das Gefühl, dass ich nicht alleine bin. Tausende von Bluebells- den für Schottland typischen Waldblumen, bilden einen zauberhaften „Teppich“ zwischen den knorrigen Bäumen.

Von weitem höre ich Wasser rauschen und je tiefer ich auf dem immer schmaler werdenden Weg gehe, desto mehr öffnen sich meine Sinne für die leisen Töne und Wesen des Waldes.

Plötzlich stehe ich vor einem Felsen, der eine natürliche Schale im Stein hat und daneben eine Ausbuchtung die ausschaut wie ein Fußabdruck.

Laut Legende sagt man diesem Stein auch nach, dass hier in ganz früher Zeit Könige gekrönt wurden und Druiden hier Einweihungsrituale abhielten.

Wenn man überlegt, dass Druiden bereits 4.000 Jahre vor Christi Geburt ein sehr hohes Ansehen besaßen, so ist es umso trauriger, dass im 7. Jahrhundert nach Christi Geburt sie von der christlichen Kirche verfolgt wurden und das Druidentum verboten wurde. Doch das konnte den alten Glauben nicht aufhalten!

Noch heutzutage werden diese besonderen Plätze weiterhin von den Menschen besucht und verehrt.

Ich schaue mich um und entdecke sehr steile in den Felsen gehauene Stufen. Sie führen durch einen schmalen Spalt im Felsen direkt nach unten zu dem kleinen Bach und Kultplatz. In den Wänden befinden sich Kreuze aus keltischer Zeit, sowie heidnische Symbole die auf das hohe Alter dieses magischen Ortes hinweisen.

Überall in den Felsspalten klemmen Geldmünzen. Hunderte- vielleicht tausende- jede noch so kleinste Ritze im Felsen ist vollgesteckt mit Münzen.

Ich kenne diesen Brauch bereits von anderen Kultplätzen. Man tut dies, um eine Art „Eintrittsgeld" bei den feinstofflichen Wesen des Waldes zu bezahlen. Elfen, Feen, Gnome und Wassergeister sollen hier ihr zuhause haben und es bringt Glück, diesen „Wegzoll" beim Betreten des Terrains zu zahlen. Auch ich stecke eine Münze in den Fels.

Niemand würde hier diese Münzen klauen, denn das bringt nach altem Aberglauben ein Leben lang Unglück und Pech!

Man muss schon ein bisschen vorsichtig sein, um auf den mit Moss bewachsenen Stufen nicht auszurutschen. Unten angekommen hat man das Gefühl, wie durch einen

Geburtskanal gegangen zu sein. Der mit Blättern bedeckte Waldboden, der plätschernde Bach und das darüber dicht, sich sanft im Winde bewegende Blätterdach, rufen eine Geborgenheit hervor.

Wie in einem vor negativen Energien geschützten Raum, setze ich vorsichtig meinen Weg fort. Es riecht nach Wald. Moosige im klaren Bach liegende Äste scheinen den Weg zu weisen und lassen dem Betrachter den Blick auf ungewöhnliche Objekte richten!

Kleine Steintürme zum Gedenken an die Ahnen, Lochsteine mit durchgefädelten Bändern und beschriftete Kiesel mit Wünschen und Symbolen lassen dieses flache Gewässer magisch wirken. Man sagt diesem kleinen Bach eine Heilwirkung des Wassers nach.

Vorsichtig laufe ich weiter um ja keine dieser von Menschen dort liebevoll platzierten Wünsche aus Versehen zu zertreten.

In der Mitte des von der Natur geschaffenen Ritualplatzes steht ein kleiner Fels auf dem ebenfalls unzählige Münzen- jede stellvertretend für einen Wunsch- angehäuft sind.

Ein aus einem Baumstamm geformter Altar ist von kleinen Opfergaben wie Figuren, Glöckchen, Blumen uvm. ein bunter Fleck in den Naturtönen des Waldes.

Unzählige Stofffetzen sind an die Bäume und Sträucher rund um den Kultplatz an die Äste geknotet. Dies hat in Schottland eine lange Tradition!

Man knotet einen sogenannten „Clootie"- einen Stofffetzen, den man zuerst in der Quelle nass gemacht hat und sich damit abwäscht an einen Baum um dann einen Wunsch erfüllt zu bekommen. Wichtig ist, dass man etwas aus Baumwolle oder Leinen nimmt, damit es auch verrotten kann, denn nach altem Glauben erfüllt sich der Wunsch erst dann, wenn das Stück Stoff vom Ast abfällt. Natürlich sollte auch der Aspekt bedacht werden, dass Stücke aus Plastik, Polyester und anderen nicht kompostierbarem Material nicht in die Natur gehören!

Als ich mich umdrehe sehe ich einen weiteren, sehr imposanten Felsen mit einer Art Altar darunter. „Wie viele Menschen haben sich hier schon getroffen und ihre Fürbitten an die Geister des Waldes abgegeben?" denke ich mir still.

Auch heutzutage werden hier immer noch Jahreskreisfeste zelebriert und somit die alten Bräuche aufrechterhalten. In Schottland ist der Glaube an die Naturgeister noch sehr groß und stets präsent!

Doch als ich so vollkommen die Zeit vergessend vor mich her schlendere glaube ich meinen Augen nicht zu trauen! Im Fels erkenne ich ein uraltes Gesicht! Es sieht ein bisschen aus wie der berühmte Zauberer Merlin aus der Sage König Arthurs. Es könnte aber auch der Greenman sein, der überall im Lande als Symbol des alten Glaubens selbst in Kirchen zu finden ist.

Irgendwie scheint er zu „leben“ und ich spüre starke, geomantische Veränderungen im Boden so, als ob meine Füße und Hände kribbeln würden. Es ist schon ein ganz besonderer Ort!

Diesem Ort sagt man auch nach, dass hier, wenn es dunkel wird, Elfen und Feen gesehen wurden. Mich würde es nicht wundern, wenn plötzlich so ein kleines Wesen an mir vorbeifliegen würde!

Natürlich kann auch ich es nicht lassen, einen Stofffetzen an diesem mystischen Ort mit einem Wunsch an einen Baum zu knoten. Ich glaube an Wunder!

Ich beschließe mich langsam auf den Rückweg zu machen und klettere die steilen Stufen wieder empor. Ein bisschen schwindelig ist mir von den starken Energien des Ortes schon.

Am Schalenstein vorbei gehe ich zurück zu der kleinen Kirche. Interessant ist, dass hier früher ein Steinkreis stand, bis man wie so oft an heidnischen Kraftorten beschloss, dort eine Kirche zu erbauen. Noch heute sind in der Kirche die alten Steine vom Steinkreis in den Wänden teilweise zu sehen.

Ich bin dankbar, dass ich diesen wundervollen Kraftort besuchen durfte. Im plötzlich aufkommenden schottischen Regen mache ich mich auf den Weg zum nächsten zauberhaften Ort. Es gibt noch so vieles zu entdecken!

Smoo Cave

Hoch oben im rauen Norden Schottlands liegt bei dem kleinen Örtchen Durness eine der beeindruckendsten Höhlen, gebaut durch die starken Kräfte von Mutter Natur. Wind und Wellen haben sich über Jahrtausende in den Kalkstein gearbeitet und ein einzigartiges, architektonisches Wunderwerk geschaffen- Smoo Cave.

Seit Stunden bin ich durch die nie langweilig werdenden Highlands gefahren. Riesige Felsen, die im stetig wechselnden Tageslicht imposant die holprige Straße säumen. Sattgrüne Wiesen mit unzähligen Schafen die anscheinend auf der anderen Seite des Zaunes das wohlschmeckendere Gras vermuten und deshalb auch mitten auf der Straße stehen. Die wuschelig, wollweißen Tiere scheint es nicht zu stören, dass ich gerne weiter fahren würde, denn jedes Mal wenn man sich den zahmen, vierbeinigen Freunden nähert, bestimmen sie wann ich weiter fahren darf! Erstmal futtern sie gemächlich ihr Gras, um dann sich weiter des Weges zu machen.

Vorbei an den berühmten Lochs- den Seen und Fjorden Schottlands, rollt mein altes Auto geschickt um die Schlaglöcher der Straße herum. Manche davon sind so groß und tief, dass man daraus ein kleines Schwimmbad machen könnte. Doch das gehört zum Norden des Landes dazu. Schottland ohne Schlaglöcher wäre nicht Schottland! Doch diese kleinen Hindernisse der Straße haben auch einen Vorteil- man fährt langsamer und bekommt dafür als Entschädigung mehr Zeit eine der beeindruckendsten Gegenden zu sehen, die es auf dieser Erde gibt!

Die Landschaft lässt mir immer wieder den Atem stocken. Ein leises „Pfffft“ dringt durch meine Lippen. Ich mache immer „Pffft“ wenn mir die Worte fehlen in Momenten, wo ich unglaublich beeindruckt bin. Ich würde mich nicht wundern, wenn hinter der nächsten Wegbiegung ein riesiger Dinosaurier auf mich wartet, denn diese so unberührte und beeindruckende, vor Jahrmillionen geschaffene Vulkanlandschaft lässt jeden Reisenden vergessen, dass er sich im 21. Jahrhundert befindet. Hier könnte genauso gut ein Film aus der Urzeit gedreht werden.

Die Farben sie sind es, die mich so faszinieren. Ein hellblauer Himmel, der überall vorhandene gelbe „Gorse“- eine Art dorniger Ginster und die in einem fast metallischen Blau sich in der Sonne spiegelnden Lochs ergeben ein Gesamtkunstwerk, dass die Seele im Menschen zutiefst berührt.

Doch dann endlich das wegweisende Schild Richtung Durness. Ich kann es kaum erwarten, endlich die sagenumwobene Höhle anzuschauen, über die so viele Legenden erzählt werden.

Ein Mörder und Wegelagerer namens McMurdo soll hier im 16. Jahrhundert seinen Opfern aufgelauert haben. Um sie zu „entsorgen“ stieß er sie in ein Loch oberhalb der Höhle. An stürmischen Tagen soll man sein hämisches Lachen und die Schreie der in die Tiefe stürzenden Opfer auch heutzutage immer noch des nachts hören!

Auch Schmuggler haben sich die von der Straße nicht zu sehende Höhle zu nutzen gemacht. Einheimische berichten seit Jahrhunderten, dass am Eingang der von der Natur geschaffenen Zuflucht Geistererscheinungen bei Ebbe zu sehen sind, die Fässer rollen und Kisten tragen.

Nicht ohne Grund erzählt man sich hier in der Grafschaft Sutherland, soll dort sogar der Teufel gewesen sein!

Dies rührt daher, dass ein Adliger namens Donald, auch der Zauberer von Reay genannt, die großen Löcher im Höhlendach durch eine Begegnung der besonderen Art, ungewollt mit verursacht hat! Auf einer Reise nach Italien soll er den Teufel getroffen haben, der ihm anbot, in seiner Schule für die schwarzen Künste, die dunkle Magie zu erlernen. Donald willigte ein und als Gegenleistung war es in der Schule des Teufels Brauch, dass er sich von dem Schüler, der als letztes am Ende des Schuljahres aus dem Klassenzimmer ging, die Seele holte.

Donald stellte erschrocken fest, dass er der letzte im Zimmer war und trickste den Leibhaftigen mit dem von ihm erlernten Fähigkeiten aus! Er ließ den Teufel nur seinen Schatten schnappen und rannte ohne seinen Schatten davon.

Zurück in Schottland stellten die Menschen mit gruseligem Erstaunen fest, dass Donalds Körper keinen Schatten warf! Doch auf die Frage „Warum" gab er ihnen nie eine Antwort. Als Donald eines Tages Smoo Cave erkundete, raste plötzlich sein Hund laut bellend in die Dunkelheit der Höhle. Donald erschrak und konnte sich das Verhalten des geliebten Vierbeiners zunächst nicht erklären. Doch schon wenige Minuten später kehrte der Hund heulend zurück und mit großem Entsetzen sah Donald, dass der arme Hund plötzlich sein ganzes Fell verloren hatte! Der nun nackte, haarlose Hund gab Donald Anlass zum Zögern und er betrat mit äußerster Vorsicht die große, hallenartige Höhlenkammer. Dort hatte der Fürst der Finsternis auf ihn gewartet, denn er konnte es nicht auf sich sitzen lassen, dass sein Schüler Donald ihn ausgetrickst hatte!

Ihn begleiteten noch drei, nicht minder schaurig ausschauende Hexen. Donald wurde starr vor Schreck, denn er hatte nicht damit gerechnet, den Lehrmeister der schwarzen Magie hier anzutreffen.

Doch er hatte Glück! Just in dem Moment, als die Wesen der Unterwelt sich auf ihn stürzen wollten, ging die Sonne auf und machte die Meister der dunklen Künste durch das gleißende Licht machtlos.

Vor lauter Wut zauberten sie mit ihrem Atem 3 riesige Löcher in das Höhlendach und flogen durch diese davon! So sollen die Löcher an der Decke der Höhle entstanden sein!

Diese Legenden sind typisch für den rauen Norden und meine Erfahrung hat gezeigt, dass am Abend im Pub die Geschichten, je nach Whiskypegel, immer grandioser werden!

Wie auch immer – ich parke mein Auto auf dem kleinen, oberhalb der Küste gelegenen Parkplatz und mache mich auf den Weg. Ein bisschen schwindelig wird mir beim Anblick der unzähligen, morschen Stufen hinunter zur Höhle schon. Es ist sehr steil und jeder Schritt muss mit großer Vorsicht gegangen werden. Die tiefe Kluft, welche über Jahrmillionen durch das Meerwasser in den Felsen gewaschen wurde, lässt erahnen wie groß die Kraft der Gezeiten ist!

Endlich unten angekommen drehe ich mich um und kann meinen Augen nicht trauen! Wie auf ein Tor zu einer anderen Welt, blicke ich auf den Eingang der von grünen Algen bewachsenen Höhle.

15 Meter hoch und 40 Meter breit erstreckt sich der Eingang in den 60 Meter tiefen Fels. Damit hat Smoo Cave den höchsten Höhleneingang des United Kingdom.

Ausgrabungen haben gezeigt, dass hier schon vor über 6.000 Jahren Menschen gewohnt haben. Der Name Smoo Cave leitet vom nordischen Wort „Smjugg“ was so viel wie Kluft oder Spalte bedeutet ab, da der Norden Schottlands sehr lange durch die Wikinger besetzt war. Wie müssen sie sich wohl in diesem doch recht feuchten Zuhause gefühlt haben?

Auffallend sind auch hunderte Tauben, die hier wie geflügelte Wächter in den Felswänden nisten und mit ihren gurrenden Lauten in der Akustik des Ortes eine besondere Untermalung erzeugen.

Ein bisschen erinnert mich diese riesige Halle mit ihren nach Seetang riechenden Felsen an eine Kathedrale. Gar nicht so gruselig, wie ursprünglich durch die Legenden die ich erzählt bekam in mir hervorgerufen, sondern eher friedlich und klar. Die Energie hier ist eher wunderschön und der Anblick lässt in mir Ehrfurcht vor der Kraft der Elemente aufkommen.

Über eine nasse, überdachte Holzbrücke gelangt man in eine andere Kammer. Ich laufe vorsichtig über die knirschenden Bretter einem tosenden Geräusch entgegen, so laut, dass man sein eigenes Wort nicht mehr verstehen kann.

Diese Felsenhalle spricht alle Sinne an! Mein Blick fällt auf einen atemberaubenden, hohen Wasserfall. Der kleine Fluss Allt Smoo stürzt sich hier über das große Loch in der Decke gefolgt von

Kaskaden in die Höhle hinunter. Wie wunderschön der Nebel im gedämpften Licht der Höhle sich in allen Spektralfarben darstellt! Dass hier seit Jahrtausenden Elfen und Wassergeister wohnen sollen glaube ich sofort!

Wenn das Wetter es zulässt, kann man hier sogar durch einen kleinen Tunnel mit einem Schlauchboot bis direkt vor diesen Wasserfall fahren!

Ich vergesse Raum und Zeit beim Anblick dieses Naturschauspiels. Dennoch muss ich langsam zurück, denn hier möchte ich nicht unbedingt bei der schnell hereinbrechenden Dunkelheit zu dieser Jahreszeit übernachten müssen.

Als ich langsam, mich kaum lösen könnend von der besonderen Atmosphäre in Richtung Höhleneingang wandere, bemerke ich erst jetzt die vielen Steintürmchen, die Besucher zu Ehren der Ahnen im Rinnsal des Baches aufgestellt haben. Hunderte dieser kleinen Gebilde geben der Szenerie eine zusätzlich spirituelle Kraft.

„Wie wunderschön“ denke ich mir und setze meinen Weg fort. Ich kann es jedoch nicht lassen, mir einen kleinen Stein als Andenken mitzunehmen. Das mache ich immer, wenn mich Orte begeistern.

An den Hängen haben Besucher der Höhle auch aus weißen Steinen ihre Namen ausgelegt. Warum sie das tun weiß ich auch nicht und habe ich auch nicht ergründen können. Vielleicht hat einer damit mal aus Spaß angefangen und andere haben es nachgemacht.

Wieder über eine Brücke am Fuße der uralten Holzstufen angekommen, schaue ich mir noch die Ruine des Hauses an, welches einem Kaufmann aus dem 18. Jahrhundert gehört haben soll, der hier regen Handel betrieb und auch Waren tauschte. Meist halfen ihm einheimische Frauen die Güter die steilen Treppen hinauf zu tragen und man sagt, dass sie als Lohn in Haferkeksen bezahlt wurden!

Ich jedoch bekomme keine Haferkekse mehr, denn diese Ruine ist schon lange verlassen und heutzutage werden Waren aus aller Welt mit dem LKW hierhergebracht. Wenn ich mir vorstelle, hier zigmal am Tag schwerbeladen rauf und runter klettern zu müssen, so kann ich mir in etwa vorstellen, wie es den Frauen damals ergangen sein muss.

Schnaufend wieder oben auf der Klippe angekommen schweift mein Blick noch einmal über das weite Meer und bewundert die langsam untergehende Sonne.

Möwen tummeln sich und alles sieht so friedlich und still aus. Nur zehn Minuten noch schauen und den Moment genießen. „Just ten minutes" - was in Schottland zehn Minuten, eine Stunde 1 Tag oder mehr sein kann. Hier ist man immer timeless. Alles dauert solange wie es dauert und wenn man etwas schön findet, dann darf es auch länger dauern! Niemand würde sich hier durch die Uhr sein Leben bestimmen lassen. Man lebt den Moment! Dieser Ort ist wie eine Wellnessoase für die Seele.

Doch plötzlich bemerke ich, dass sich mein Magen langsam knurrend meldet und nach diesem wunderschönen Tag beschließe ich in den Pub zu gehen. Bei einem deftigen, schottischen Abendessen und einem „Wee Dram“- einem kleinen Schluck besten Single Malt Whisky- werde ich den Tag Revue passieren lassen und mich stärken für den nächsten magischen Ort.

Das Leben kann so zauberhaft sein!

Samye Ling

Wenn man durch Schottland reist, so erwartet man gruselige Burgen, Whisky Destillerien, Dudelsack spielende Männer im Kilt, oder hält Ausschau nach dem berühmten Monster von Loch Ness.

Wohl kaum ein Tourist kann sich vorstellen, dass sich hier die erste und größte tibetische Abtei in Europa befindet!

Ich habe schon oft diesen Ort der Gebete und der friedlichen Stille, im Bezirk Dumfries and Galloways besucht. So auch diesmal um einfach die wundervolle Atmosphäre in mich aufzunehmen.

Jedes Mal muss ich dennoch ein wenig suchen, denn in den sanften Hügeln auf dem Weg dorthin verfahre ich mich immer. Hier funktioniert das Navigationssystem nicht wirklich und Menschen, die man nach dem Weg fragen könnte, gibt es nicht. Eigentlich ist die Fahrt nur eine Dreiviertelstunde aus von der nächst größeren Stadt Langholm entfernt, aber die immer schmaler werdenden Wege und nach dem Winter auch nicht ganz intakten Straßen lassen einen vorsichtigeren Fahrstil zu.

Eskdalemuir – der nur aus wenigen Häusern bestehende Ort kurz vor Samje Ling- zeigt mir an, dass ich auf dem richtigen Weg bin und die Abtei nicht mehr weit entfernt ist. Hier in den Hochmooren siedelten schon vor Jahrtausenden Menschen und es wundert mich nicht, dass dieser Ort den Rekord für Niederschlag seit 1953 mit 80 Milliliter in nur 30 Minuten hält. Das Hochmoor ist für den vielen Regen bekannt und deshalb arbeitete hier einer der durch seine numerische Wettervorhersage berühmt gewordene Meteorologe Lewis Fry Richardson.

Schon von weitem erkenne ich die bunten Gebetsfahnen der Abtei. Mein Herz hüpft jedes Mal vor Freude an diesen schönen Ort zu kommen! Rasch parke ich ein und laufe entlang des von Gebets Fahnen gesäumten Weges in Richtung einer riesigen, schneeweißen Stupa. Sie wurde extra als Symbol für den Weltfrieden gebaut. Dies ist nicht so einfach, denn dazu müssen ganz genaue Berechnungen erfolgen, Gebete rezitiert werden und Gegenstände im Inneren genauestens platziert sein, damit dieses Gebäude auch seine gute Energie in die Welt aussenden kann!

Auf der rechten Seite ist ein zauberhafter, kleiner See mit unzähligen Lotusblüten- den Blumen Buddhas angelegt. In seiner Mitte thront Buddha beschützt von einer Schlange. In seinem strahlenden Gold lächelt er segnend den Besuchern zu. Diese bunten Gebäude und Figuren setzen in der eher tristen Landschaft eine Explosion der Farben.

„Sei gesegnet und mache Dir die Jacke zu Mädchen denn es regnet!" ertönt es plötzlich neben mir und ich blicke in ein freundlich, mich anlächelndes Gesicht. Ein alter, nicht großer Mann mit schneeweißen Haaren und einem Regenhut auf dem Kopf schaut mich mit junggebliebenen Augen an. „Guten Tag!" erwidere ich. „Es ist doch nur ein bisschen Regen und das macht doch nichts!" sage ich zu ihm.

„Nein- mache sie zu denn Du wirst Dich sonst erkälten!" sprach er mit ernster Stimme. Ich tue wie mir geheißen, auch wenn ich es nicht mag mit geschlossener Jacke herum zu laufen.

„Wo kommst du her Mädel? Gefällt es dir hier?“ fragt er lächelnd.

„Ja ich liebe diesen Wunderschönen Ort! Es ist alles so friedlich und still und ich liebe die heilende Energie des Gebetes.“

Er schaut mich weiter lächelnd an und sagt:“ Ja- dies ist ein Ort des Friedens! Du bist ein guter Mensch und bewahre die Reinheit deines Herzens! Sei gesegnet!“

“Vielen Dank für die lieben Worte. Ich werde versuchen mich daran zu halten und dir wünsche ich ebenfalls einen gesegneten Tag und Gesundheit! Auf wiedersehen!“

„Auf Wiedersehen!“ antwortet er und ging lächelnd weiter.

Was ich zu diesem Zeitpunkt nicht wusste, dass ich von seiner Heiligkeit dem Abt der riesigen Abtei direkt gesegnet wurde, was eine große Ehre bedeutet!

Ich laufe an der beeindruckenden Stupa vorbei zu den Gebetsmühlen.

In einem überdachten Gang befinden sich riesige Gebetsmühlen, die mit ihren ewigen Drehungen unzählige Mantren und Gebete zum Wohlbefinden der Menschheit und Mutter Erde in die Welt hinaussenden.

Wenn keine Menschen die großen, aus goldfarbenem Metall künstlerisch gefertigten Gebetsmühlen drehen, dann werden sie ganz langsam mit kleinen Elektromotoren bewegt, um diesen Gebetsfluss nie abreißen zu lassen.

Ehrfürchtig drehe ich jede einzelne mit meiner Hand an, immer mit persönlichen Wünschen verbunden.

Auf der linken Seite des Ganges stehen in kleinen Urnen zum Teil mit Fotos versehen, die Asche derer, die in Samye Ling gelebt haben und dort verstorben sind. Sie nehmen quasi immer noch Teil im Alltag und sind nicht vergessen! Was mich besonders freut ist, dass auch verstorbene Haustiere hier wie selbstverständlich hier mit dazwischenstehen.

Das ist im westlichen Denken leider nicht so verankert...

Liebe geht über den Tod hinaus und ist einfach das größte Geschenk!

Welch schöne Geste!

Der Weg führt von den Gebetsmühlen aus durch den Garten des Weltfriedens zu einem uralten Baum, an dem tausende von bunten Stofffetzen sanft im Wind flattern. Es ist ein Wunschbaum- ein Baum wo man seine Wünsche und Gebete in Form von Stoffbändern anknotet, damit sie sich erfüllen können. Gegen eine kleine Spende steht zu Füßen dieses Baumes ein kleiner Topf mit Stoffstreifen, welche man sich gegen eine kleine Spende nehmen darf.

Auch ich konnte nicht umhin, meine Wünsche und Fürbitten an diesen uralten Baum anzuknoten!

Ich schlendere vorbei am Butterlampenhaus mit seinem wundervollen Licht, vorbei an den acht Stupas welche symbolisch für die acht Stupas stehen, in denen Buddha nach seinem Ableben von seinem Gefolge beerdigt wurde.

Ab und zu trifft man kurz auf Mönche, hier und da wird man freundlich begrüßt und dieser ganze Ort hat eine durchaus äußerst positive Stimmung!

Es macht niemand den Eindruck von Negativität oder Niedergeschlagenheit. Eher voller Freude und Positivität – ja lebensbejahend von allen Seiten!

Ich wandere über die vielen Wege vorbei an kleinen Seen, die durch imposante, mitten im See goldig von weitem, entgegen scheinender Vergoldung gar nicht übersehen werden können.

Zum Beispiel eine gütig dreinschauende Figur von Guru Rinpoche-dem Begründer des tibetischen Buddhismus, oder auf einem anderen, mit Seerosen und aufwändiger Bemalung verzierten Teich Nagarjuna- einer der bedeutesten Personen im Madyamika Buddhismus.

Es ist immer, wenn ich hier bin, wie ein Urlaub in Asien. Man würde es kaum glauben, dass so etwas Schönes in Schottland ist!

Doch was dann kommt dürfte jedem, der noch nie hier war, den Atem verschlagen!

Durch ein riesiges Tor gelangt man einen Gang entlang zu einem riesigen Platz. Dort befindet sich das große Hauptgebäude der Anlage- der tibetische Tempel.

Das 1988 fertig gestellte Wunderwerk der Architektur raubt einem mit seiner imposanten Treppe, den unzähligen bunten Verzierungen und wunderschönen Türen fast den Atem.

Geschützt, nur vom Innenhof zu betreten, hat es die Größe einer Kathedrale und wirkt allerdings im Gegensatz zu einem gotischen Bauwerk des Westens fröhlicher und einladender auf den Betrachter. Ehrfurcht ja- aber nicht so gruselig und Angst einflößend, wie die christlichen Bauwerke vergangener Jahrhunderte.

Ich laufe langsam die vielen Treppen hinauf zum Tempel.

Gesang und das Klingeln der tibetischen Instrumente klingen durch die geschlossene Tür. Wie in Jedem Buddhistischen Tempel muss man seine Schuhe ausziehen. Das ist Pflicht. Auch ich stelle meine Schuhe in das dafür vorgesehene Regal.

Vorsichtig und möglichst leise öffne ich die riesige Tür. Männer und Frauen sitzen getrennt auf Bodenkissen. Es gibt aber auch Stühle in der Reihe an einer Wand, für diejenigen, die nicht auf den niedrigen Kissen sitzen können.

Es läuft grade eine Zeremonie zu Ehren der grünen Tara. Sie ist Symbol für Heilung. Im tibetischen bedeutet Heilung nicht immer nur auf körperlicher Ebene, sondern die Medizin sieht den Menschen als Ganzes. Körper, Geist und Seele brauchen Heilung, denn jedes hat Einfluss auf das andere.

Der Raum ist einfach wunderschön. Hunderte goldener Buddha Statuen, jede mit einem anderen Mudra (einer bestimmten Hand Haltung die jede für sich eine Bedeutung hat) sind in goldenen Nischen an den Wänden liebevoll platziert.

Zwei Nonnen lesen Mantren vor und andere Nonnen spielen die zeremoniellen Instrumente. Mein Blick kann gar nicht genug bekommen von der unsagbar schönen Pracht des Raumes. Riesige Bilder, die handgemalt die Wände verzieren, sind so fein gemalt, dass es eine enorme Geduld und Disziplin benötigt hat, um diese so bunt und aussagekräftig zu gestalten. Einzigartige Kunstwerke, in tiefster Meditation gefertigt.

Decken und Wände werden von bunten, ebenfalls goldfarbenen Borten verziert- es ist eine Freude dies alles betrachten zu dürfen!

Ich sitze schweigend und lasse die Szenerie und die Gebete auf mich wirken. Welch ein Geschenk ist es doch, daran teilnehmen zu dürfen- ich liebe diesen Augenblick!

Alles läuft so friedlich ab und ich spüre die gute Energie im ganzen Körper.

Es ist, als ob ich aus einer anderen Welt komme, als ich die schweren Holztüren aufdrücke und nach draußen gehe.

„So langsam habe ich Hunger“ denke ich bei mir und mache mich auf die Suche, nach etwas essbarem. Freundliche Menschen weisen mich auf einen kleinen Tearoom hin, wo es vegetarische Köstlichkeiten und tibetischen Tee gibt. Auch hier überschlagen sich die Menschen vor Hilfsbereitschaft und Freundlichkeit, so dass der für meinen Gaumen etwas gewöhnungsbedürftige Tee umso besser schmeckt. Auf bunten Kissen sitzend genieße ich zu tibetischer Musik mein leckeres Mahl.

Im angrenzenden Shop findet sich alles, was mein Herz begehrt. Von Räucherwerk über ausgesuchten Büchern bis hin zur solargetriebenen Gebetsmühle fürs Auto- wer hier kein Mitbringsel oder Geschenk findet, dem ist nicht mehr zu helfen. (Natürlich habe ich die Gebetsmühle mitgenommen ... ich konnte nicht widerstehen).

So langsam muss ich mich auf den Rückweg machen, denn bald bricht die Dunkelheit herein.

Samye Ling versorgt sich mit vielem selbst und deshalb wird hier auch Obst und Gemüse angebaut.

Ich muss sagen- das ist der schönste Kartoffelacker, den ich je gesehen habe! Mitten in dem riesigen Beet steht segnend eine wunderschön funkelnde Buddha Statue.

Durch den Labyrinth artigen Nutzgarten führt der schmale Weg durch Hecken, die im manchmal starkem schottischen Wind die Beete schützen, zum Tara Garten.

Mitten in einem wie eine riesige Blüte in Form von Lotusblättern angelegten Beeten, thront die wunderschöne Göttin als riesige Figur. Bunt und mit Blattgold belegt leuchtet sie edel als Wächterin über unzähligen Heilkräutern.

Es ist wie ein Festival der Sinne, wenn die aromatischen Kräuter mit ihren faszettenreichen Blüten den Geist im Überfluss beflügeln.

Die tibetische Medizin ist außergewöhnlich und seit Jahrtausenden bewährt!

Auf Samye Ling werden Heilkräuter auch verarbeitet und angewendet, damit nichts vom wertvollen Wissen verloren geht.

Ich kann mich kaum losreißen von diesem einzigartigen Garten. Gerne würde ich hier länger verweilen und in einem der Seminare die tibetische Heilkunst erlernen, doch leider muss ich weiter.

Durch das dem Weltfrieden geweihten Tor, dem sogenannten Befreiungstor laufe ich zurück zum Parkplatz, denn ich möchte mir noch eine andere Besonderheit hier bei Samye Ling anschauen.

Gegenüber des Parkplatzes gibt es einen Elfen und Feen Wald.

Durch ein kleines Schild gelangt man den steilen Hügel aufsteigend in einen Wald. Ich muss aufpassen, nicht auszurutschen, denn das feuchte und hohe Gras lässt nicht sofort erkennen, wohin man tritt. Schnaufend komme ich oben an und betrachte mir, auf jeden Schritt achtend, die wie eine verzauberte Welt auf mich wirkende Szenerie.

Überall stehen kleine Altäre mit Münzen und Geschenken für die Zauberwesen des Waldes. Auch hier hat man Stofffetzen angeknotet um Wünsche wahr werden zu lassen.

Zwerge, Elfen, Gnome, kleine Buddha Statuen sowie Fähnchen und Perlen – alles ist hier zu finden. Jeder hat hier seinen kleinen Ritualplatz.

Diese Minialtäre zeigen sehr deutlich, dass dieser Ort auch rege genutzt wird. Nichts ist alt oder vernachlässigt. Alles gepflegt und liebevoll bestückt.

„Wie viele Menschen haben hier wohl schon ihre kleinen, persönlichen Rituale und Meditationen abgehalten, immer in der Hoffnung auf Erfüllung" denke ich so bei mir.

Ich käme niemals auf die Idee, etwas anzufassen, denn diese Dinge gehören mir nicht und in Schottland ist es eine Selbstverständlichkeit die Dinge hier so zu belassen wie sie sind.

Eine kleine Opfergabe lasse auch ich hier für die Hüter des Waldes und stapfe den Hang wieder hinunter.

„Bye bye Samye Ling-see you soon!“ sage ich als ich mein Auto vom Parkplatz lenke der untergehenden Sonne entgegen auf dem Weg zum nächsten, magischen Ort, vorbei an uralten Steinkreisen und unzähligen Schafen Richtung Norden.

Clava Cairns

Wer das alte, das ursprüngliche Schottland sucht, der sollte sich einen der imposanten Steinkreise anschauen. Eine der ältesten Anlagen findet sich in der Nähe von Inverness, unweit des historisch durch die Highland Clearances bekannten Culloden Battlefield.

An diesem sonnigen Tag rattert mein Auto durch den kräftigen Seewind geschüttelt, zu diesem mehr als 4.000 Jahre alten Ort der Mythen hin. Ich muss aufpassen, dass ich die vielen Schlaglöcher umfahre, die sich manchmal knietief plötzlich im brüchigen Asphalt auftun. Die Straße wird immer enger und schmaler. Sie führt durch kleine Wäldchen und Wiesen entlang, zu meinem Zielort.

Auf dem Weg fällt das imposante Culloden Viaduct auf, welches mit seinen 28 Steinbögen und 39 Meter hoch, eine Meisterleistung der Architektur des 19. Jahrhunderts darstellt. Als wichtige Eisenbahnverbindung über den Fluß Nairn wurde die Anlage in grade mal 5 Jahren 1898 fertig gestellt.

Ich fahre auf den kleinen Parkplatz an den Clava Cairns und stelle mit großer Freude fest, dass außer mir nur 2 andere Personen vor Ort sind.

Durch ein Gatter gelangt man auf das Areal der uralten Kultstätte der Bronzezeit.

Ehrfürchtig verneige ich mich vor den Geistern der Ahnen und Hüter des Waldes. Es ist in diesem, von uralten Buchenbäumen gesäumten heiligen Hain eine enorme, tektonische Energie mehr als deutlich zu spüren!

Drei riesige Steingräber, allesamt mit der Öffnung Richtung Südwesten ausgerichtet sind, da für die Menschen dieser Zeit die Wintersonnenwende eine entscheidende Rolle spielte und es eines der wichtigsten Ereignisse im Jahr war. Genau an diesem Tag zur Sonnenwende scheint die Sonne in den schmalen Gang und konnte so den Innenraum des Grabhügels erhellen!

Zum Teil sind an den Eingängen sogenannte Cupmarks zu sehen. Diese Schalenförmigen Markierungen sind bis heute nicht ganz entschlüsselt, tauchen jedoch immer wieder an Steinkreisen, Gräbern, sowie an Kultplätzen auf. Alles deutet sogar darauf hin, dass die Eingänge früher Rosarot bemalt waren und die gegenüberliegenden Steine wie ein Kalender in Blau.

Umgeben sind diese einst nicht oben offenen Grabhügel von riesigen Steinkreisen. An ihnen wurde der Sonnenlauf abgelesen.

Ich schlendere über die Moosüberwucherte, weiche Wiese durch die uralten Steine. Welch riesigen Aufwand müssen die Menschen damals betrieben haben, um diese schweren, unhandlichen Steine bewegen und aufstellen zu können.

Ich berühre den ein- oder anderen und versuche mich im meditativen Zustand in die Zeit Jahrtausende zurück zu versetzen. Einige der Bilder sind für mich erstaunlich, denn zunächst sehe ich viele Menschen, die dort lebten! Dann auch wieder Bilder von Begräbnissen und Zeremonien.

Dass ich dort zunächst einen eher belebten Ort gesehen habe, klärt sich später anhand einer Bildtafel auf. Archäologen fanden heraus, dass dort zuerst eine kleine Siedlung stand bevor man den Ort in eine Kultstätte und Friedhof umwandelte.

Natürlich habe auch ich versucht den berühmten Jamie aus der TV-Serie „Outlander“ zu treffen. Die Bestseller Autorin Diana Gabaldon ließ sich einst für ihre Bücher von diesen Steinkreisen inspirieren. Daraus entstand die Erfolgsserie „Outlander“ wo die Hauptdarstellerin Claire beim Urlaub in den schottischen Highlands einen Stein des Steinkreises berührt und dadurch in eine andere Zeit fällt. Dort angekommen lernt sie den attraktiven Schotten Jamie kennen und die beiden werden ein Paar.

Millionen Menschen haben diese Bücher gelesen und auch die Serie geschaut und so mancher Fan ist dem smarten Jamie verfallen. Doch leider hat all mein Bemühen auch durch einen der Steine in eine andere Zeit zu fallen, nicht gefruchtet. Naja- wer weiß wofür es gut ist, denn ich würde niemandem empfehlen, im Jahr 1743 sich in Schottland aufzuhalten, denn da fanden die sogenannten Highland Clearances statt und die Zeiten waren von Not und Krieg dominiert. Im 18. Jahrhundert in Schottland war es ein mühsames Leben und da bleibe ich doch lieber im 21. Jahrhundert!

Die Clava Cairns gehören zu 45 anderen Steingräbern im Fluss Nairn Tal. Allesamt sind sie nach Sternenbildern ausgerichtet! Dies ist verblüffend, wenn man bedenkt, dass dafür absolut präzise Berechnungen gemacht worden sein müssen, zu einer Zeit, wo man nicht einfach die Welt von oben betrachten konnte. Diese astronomischen Berechnungen müssen von Spezialisten der Neolithischen Zeit gemacht worden sein, die sich ein erstaunliches Wissen angeeignet hatten.

Sie verlaufen wie die Milchstraße und man sagt ihnen nach, dass durch diese Verbundenheit zum Kosmos diese außergewöhnliche Kraft in ihnen liegt.

Somit sind die Clava Cairns nicht nur Begräbnisstätten bedeutender und ausgewählter Menschen ihrer Zeit, sondern auch astronomische Instrumente um die wiederkehrenden und sich ewig wiederholenden Kreisläufe sowohl bei Menschen, als auch bei Jahreszeiten und im Universum zu signalisieren.

Rituale und Kulthandlungen haben ebenfalls hier zu bestimmten Anlässen stattgefunden.

An einem Stein sieht man auch ein Symbol, welches sowohl die keltische Triskele, als auch eine Spirale darstellen könnte.

Die 3 war im keltischen Glauben eine besondere Zahl. Alle Petroglyphen die mit Hirschgeweihen oder Steinwerkzeugen in die Steine gekratzt wurden entsprechen dieser Zahl. Dazu sei gesagt, dass Gottheiten der keltischen Mythologie meist zu dritt auftreten. Die Spirale zeigt genauso wie ein Labyrinth, den eigenen Weg zur Selbstfindung genauso, wie die Wiederkehr und Geburt die wir durchmachen um auf unserem Weg alle Seiten in uns zu betrachten. Ein schönes Beispiel dafür ist der Mondlauf mit seinen Mondphasen: zunehmend, voll und abnehmend, oder die drei Göttinnen im alten Glauben „Maiden, mother and crown“ – das junge Mädel, die reife Frau und die Greisin. Das Leben immer von 3 Seiten betrachten ist das Motto.

Der Wind spielt mit den Blättern der alten Buchen und lässt mit seinem flackernden Licht die imposanten Steinhügel richtig lebendig ausschauen, so als ob sie sich bewegten.

Ich laufe durch die Steinkreise und stelle fest, dass sich in mir etwas tut. Als ob ich den Weg zu meinem Innersten finde. Bilder meines Lebens erscheinen plötzlich vor meinem geistigen Auge. Bilder an die ich schon lange nicht mehr gedacht habe!

Alles in mir kommt hoch was nicht verarbeitet und verdrängt wurde. Dieser Ort hat eine erstaunlich reinigende Wirkung auf mich, welche ich selbst nicht für möglich gehalten hätte!

Ich sehe plötzliche klarer und es fühlt sich an, als ob eine Last von mir abfallen würde. Unglaublich, welche tolle Energie hier herrscht!

Ich kann es nicht lassen, die von mir stets mitgeführten zwei Drähte auszupacken, mit denen ich radiästhesistisch Orte gerne untersuche. Die einfachen, abgewinkelten scheinen in meinen Händen schier durch zu drehen! An den Kreuzungspunkten rotieren sie in meinen Händen um die eigene Achse. So heftige Ausschläge habe ich selten gesehen. Normalerweise spüre ich damit Wasseradern, tektonische Brüche oder geomantische Verwerfungen auf. Aber hier ist es ganz anders! Ich beschließe sie wieder in meinen Rucksack zu stecken, weil es fast unmöglich ist, hier ein klares Bild der Linien in der Erde zu beschreiben. Dieser Boden hier scheint ein Eigenleben zu haben! Lieber lasse ich die tolle Energie so auf mich wirken!

Irgendwie kann ich mich kaum von diesem Ort trennen. Es ist solch ein Geschenk, hier sein zu dürfen!

Man vergisst wirklich Raum und Zeit.

Im goldigen Licht der tief stehenden Sonne scheinen nun wieder die Hüter des Waldes diesen Platz übernehmen zu wollen. Ich umarme noch einen der herrlichen Bäume und mit einem Gefühl der inneren Klarheit verlasse ich diesen magischen Platz der Ahnen.

Ja – es hat sich wirklich gelohnt diesen Ort zu besucht zu haben!

Pittenweem und die Höhle des Heiligen Sankt Fillan

Wer den besten Fish and Chips der Welt probieren möchte, der sollte das kleine Fischerörtchen Pittenweem besuchen. Malerische Gassen, ein kleiner Hafen und eine absolute Besonderheit zeichnen diesen in Fife gelegenen Ort aus.

Ich parke mein Auto an dem nach frischem Seetang riechendem Hafenbecken. Beschaulich wirkt dieser kleine Ort auf mich. Ruhig-so als ob die Zeit stehen geblieben ist. Kleine Cafés laden mit hausgemachtem Kuchen zum Verweilen ein und Geschäfte mit einer Mischung aus kreativem Handwerk und buntem Souvenierartikeln geben dem Ganzen ein abwechslungsreiches Ambiente.

Doch ich bin nicht hier wegen der fast schon Filmkulissen reifen Ausstrahlung dieses charmanten Örtchens, sondern wegen eines Kleinodes, an dem viele Touristen einfach vorbeilaufen und von dessen sehenswerter Existenz viele nichts wissen.

Das was ich suche ist die Höhle des heiligen Sankt Fillan! Diese Höhle gab dem Örtchen seinen Namen, denn Pittenweem kommt aus dem Gälischen und bedeutet „Ort der Höhle".

„Du liebe Zeit ist das steil!" denke ich mir, als ich die enge Gasse namens „Cove Wynd" hinauf zur Höhle laufe. Man muss schon ein wenig suchen, damit man den engen Weg durch die Häuser vom Hafen aus findet.

Vor dem, mit einem schmiedeeisernen Tor verschlossenem Eingang angekommen, stelle ich fest, dass man den Schlüssel für dieses Tor im hiesigen Schokoladenladen auf der Hauptstraße gegen eine kleine Gebühr abholen muss. Nun ja- dies bedeutet nochmal einen steilen Aufstieg über unzählige Stufen hoch zum Geschäft mit den verführerisch süßen Leckereien.

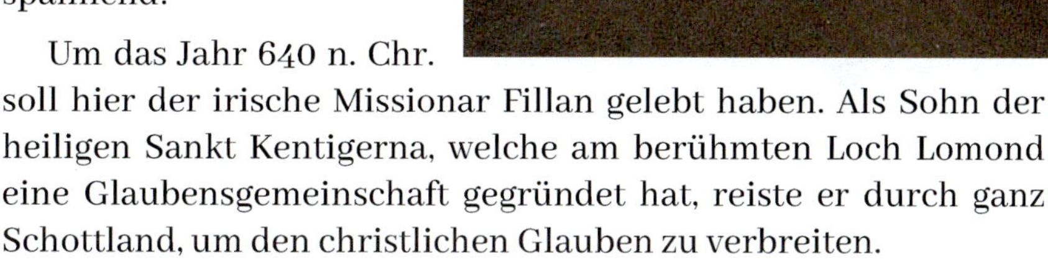

Gefühlte 200 Stufen später endlich wieder zurück am Tor der St. Fillan`s Cave angekommen, schließe ich vorsichtig das laut knirschende Schloss auf.

Es riecht feucht und ich würde jedem Besucher empfehlen, festes Schuhwerk zu tragen, da die groben, unebenen Felsen je nach Wetterlage sehr rutschig sein können.

Ich begebe mich in ein uraltes Terrain. Die Geschichte rund um diese, von Mutter Natur und dem Meer über Jahrmillionen kreierte Höhle ist mehr als spannend!

Um das Jahr 640 n. Chr. soll hier der irische Missionar Fillan gelebt haben. Als Sohn der heiligen Sankt Kentigerna, welche am berühmten Loch Lomond eine Glaubensgemeinschaft gegründet hat, reiste er durch ganz Schottland, um den christlichen Glauben zu verbreiten.

Seine Berühmtheit erlangte er zunächst durch eine, für die Menschen nicht zu erklärende Geschichte.

Als Fillan auf dem Bau einer Kirche in Auchentyre half tötete ein Wolf den Ochsen, welcher die materialen zum Bau der Kirche trug. Fillan sprach mit dem Wolf und erklärte ihm, dass er sich bessern müsste und ihm dann verziehen sei. Er überredete ihn von nun an die Last zu tragen, die der getötete Ochse hätte tragen sollen. Der Wolf tat wie ihm geheißen und trug von Stund an die Baumaterialen für die Kirche.

Diese Geschichte verbreitete sich rasend schnell und Fillan wurde ehrfürchtig von den Menschen verehrt.

Durch seine Reisen quer durch das Land gelangte er dann schließlich auch nach Pittenweem. Dort soll er mehrere Jahre in dieser Höhle gelebt haben und seine predigten durch seinen leuchtenden Arm geschrieben haben. Ich frage mich, wie hell so ein Arm leuchten muss, damit sich eine solch dunkle Höhle erhellt!?

Ohne elektrisches Licht muss dies ein sehr gruseliger, unwirklicher Ort gewesen sein.

Die schroffen Sandsteinfelsen müssen in der Dunkelheit schon einen sehr imposanten Eindruck gemacht haben. Damals gab es noch keinen Hafen und nur mithilfe eines Bootes konnte man die Höhle erreichen!

Doch Fillan tat viel Gutes für die Menschen und seine Predigten konnten damals viele vom Christentum überzeugen. So sehr, dass Fillan auch nach seinem Tod weiter verehrt und heiliggesprochen wurde. Als der Abt von Inchaffray die Glocke und den Pilgerstab Fillans mit zur berühmten Schlacht von Bannockburn als Attribute mitnahm, bezog man den durch Robert the Bruce errungenen Sieg auf die wundertätigen Gegenstände von Fillan.

Deshalb gründete Robert the Bruce – König von Schottland- zu St. Fillans Ehren ein Priorat in Pittenweem.

Die nun dort ansässigen Mönche schlugen eine Treppe und einen Keller hinab in die Höhle, um diese vom Garten des Priorates aus geschützt zu erreichen. Deshalb war St. Fillan`s Cave auch vom Jahre 1221 bis etwa 1560 im Besitz der Mönche.

In der Höhle befindet sich auch ein heiliger Brunnen, dem man wundertätige Eigenschaften zuspricht!

Zu Zeit des Mittelalters nahm man an, dass das Wasser aus dem Brunnen heilende Eigenschaften hat. Da St. Fillan der Schutzpatron der Geisteskranken Menschen ist, brachte man Patienten über Nacht in die Höhle und fesselte sie mit einem Seil. Am Morgen wurden die armen Menschen wieder befreit und als sicheres Zeichen galt, dass wenn sich das Seil gelockert hatte, das der Patient geheilt war und von den psychischen Leiden für immer befreit war.

Nunja- diese mittelalterlichen Methoden finden heutzutage Gott sei Dank nicht mehr statt!

Nachdem durch die Reformation das Priorat aufgelöst wurde, diente die Höhle nur noch als Lagerraum für Fischernetze und sogar als Schmugglerversteck.

Erst in den 1930er Jahren wurden Restaurierungsmaßnahmen vorgenommen und der Bischof von St. Andrews höchstpersönlich weihte das Kleinod erneut zum heiligen Ort.

Seit vielen Generationen wurde die Höhle auch wieder für die Öffentlichkeit zugängig gemacht und das heutige Tor am Eingang angebracht.

Vorsichtig laufe ich weiter in die Geschichtsträchtige Höhle hinein. Man hat so ein wenig das Gefühl, als ob man nicht alleine wäre, denn die verwinkelten Nischen und die Schatten der ein wenig flackernden Beleuchtung lassen erahnen, wie es Fillan dort in der damals dunklen Höhle ergangen sein muss. Wieviel Vertrauen in Gott und in alle Schutzengel muss der Missionar gehabt haben! Respekt!

Die Höhle hat eine Form wie ein Ypsilon und gabelt sich ziemlich mittig in zwei Bereiche. Im rechten Teil steht ein Altar und im linken fühle ich eine enorme Energie, ähnlich wie bei den berühmten Kraftorten dieser Welt. Obwohl es nicht kalt ist verspüre ich immer einen kalten Lufthauch.

Nein – ich irre mich nicht! Hier sind die Geister der Vergangenheit immer noch gegenwärtig.

Als ich meine Augen schließe läuft in meinem Kopf ein richtiger Film ab. Ich muss mich selbst zusammenreißen, denn die Flut der Informationen überfordert mich.

Ich nehme solche Plätze sehr empathisch war und ich kann förmlich die Whiskyfässer der Schmuggler hören und riechen, wie sie hier heimlich des nachts in die Höhle gerollt wurden. Ebenso nehme ich aber auch die Hoffnung der erkrankten Menschen war, die hier um Heilung gebeten haben. Der Präsenz des heiligen Fillan ist ebenso wahrzunehmen.

Mit einem Gebet beschließe ich den Weg zurück ans Tageslicht anzutreten.

Dieser Ort hat mich sehr geflasht! Vorsichtig verschließe ich die Tür wieder. Es war beeindruckend! Nachdem ich den Schlüssel zurück zum Chocolatier gebracht habe denke ich mir, dass doch das Beste wäre, mir nun erst einmal etwas frische Seeluft um die Nase wehen zu lassen und den ereignisreichen Tag mit einer leckeren Portion Fish and Chips auf der Kaimauer sitzend ausklingen zu lassen.

Essen und Trinken hält bekanntlich Leib und Seele zusammen!

Mein Blick schweift noch über die wunderschönen Häuser, die fast allesamt mit rötlichen Dachziegeln eingedeckt sind.

Dazu sei gesagt, dass dies einen besonderen Hintergrund hat! Im 16. Jahrhundert erhielt die Gegend am Moray Firth die Erlaubnis und das Privileg Handelsgüter aus dem Ausland zu importieren und auch zu exportieren. Da viele Schiffe aus Holland ankamen und diese unter anderem mit roten Tondachpfannen beladen waren, die nur zum Beschweren der Schiffe dienten, ließen die holländischen Schiffe beim Abladen der niederländischen Waren die Dachziegel einfach dort. So war mehr Platz auf den Schiffen, um wieder neue Güter von Schottland nach Holland zu transportieren. Dies führte zu den typisch roten und für diese Gegend in Schottland einzigartigen roten Dächern!

Von weitem höre ich Musik im Pub spielen und als die Abendsonne untergeht und alles in ein magisches Licht taucht, denke ich mir wie schön und ursprünglich hier noch alles ist! Ein wahrhaft magischer Ort!

Cawdor Castle und seine Geister

Unweit von Inverness liegt beim gleichnamigen Örtchen gelegen die romantische Burg Cawdor Castle. An diesem späten Sommertag macht es ganz besondere Freude, durch die kleinen Straßen über sanfte Hügel hinweg, durch die schottische Landschaft zu fahren.

Unter imposanten, sich sanft im Wind wiegenden, uralten Bäumen parke ich mein Fahrzeug und laufe in wenigen Minuten zum Eingang der imposanten Trutzburg.

Von absolut sehenswerten Gärten umgeben, gehört dieses riesige Gebäude zu den wohl sehenswertesten Locations in Schottland.

Sie wurde nie zerstört oder erobert und das verdankt sie laut Legende einer besonderen Geschichte!

Schon seit dem Jahre 1179 besaßen die Thanes of Calder – Calder ist der alte Name für Cawdor- eine Festung an den Ufern des Flusses Nairn. Sie waren damals die Wächter des königlichen Schlosses in Nairn.

In einem Traum wurde dem Thane of Cawdor mitgeteilt, dass er einen Esel mit Gold beladen über seine Ländereien laufen lassen sollte, um dort wo er sich niederließe, eine stolze Burg zu erbauen welche uneinnehmbar wäre.

Von diesem Traum so beeindruckt, tat der dies gleich und belud den Esel mit Kisten voller Gold.

Der Esel lief los und ließ sich schließlich laut Legende unter einem Weißdornbusch nieder. Dort entstand dann recht schnell der trotzige Wehrturm, welcher um den Baum herum gebaut wurde. Man kann diesen vermeintlichen Weißdornbusch, der sich später als Stechpalme herausstellte, noch heute im Keller des Turmes bewundern! Im „Hawthorn" Raum der statt „Weißdornraum" eigentlich „Holly Room", also „Stechpalmenraum" heißen müsste. Biologen fanden heraus, dass der Baum bereits im Jahre 1372 dort stand und aber sehr schnell wohl aufgrund mangelnden Lichtes abgestorben sei.

Nichtsdestotrotz wurde die Burg niemals erobert! Somit hatte der Esel den besten Platz für die Familie der Thanes of Calder gefunden und die Stechpalme darf niemals aus der Burg entfernt werden, denn sie beschützt seit Jahrhunderten dieses Haus!

Ich laufe durch die wunderschönen, mit feinsten Dingen ausgestatteten Räume. Cawdor Castle wird in den Wintermonaten immer noch von der Gräfin von Cawdor bewohnt. Somit ist es kein verstaubtes Museum, sondern ein lebendiges Zuhause, mit Wärme und äußerst geschmackvollem Interieur.

Doch wie zu jeder guten Burg gehören auch hier Hausgeister dazu!

Ganz besonders häufig wird eine junge Frau gesehen, die in einem dunkelblauen Samtkleid im Schloss ohne Hände umherwandert. Dies hat einen tragischen Grund.

Man vermutet, dass es sich um Muriel Calder handelt, die im Alter von nur 12 Jahren entführt und mit dem Sohn des Earl of Argyll, Sir John Campbell, im Jahre 1511 verheiratet wurde.

Andere Geschichten erzählen, dass es sich bei dem handlosen Geist um die Tochter eines Grafens von Cawdor handelt, die sich dem Willen ihres Vaters widersetzte, weil sie sich heimlich mit dem Sohn eines feindlichen Clanoberhauptes traf. Als dies der Graf entdeckte, erzürnte er dermaßen, dass er das Mädchen in den höchsten Turm des Schlosses hinauf jagte. Um dem Vater zu entfliehen, stieg die junge Frau aus dem Fenster und hing von außen am Fenstersims. Der Vater ging jedoch hin und zückte sein Schwert.

Anstatt der jungen Frau wieder hinein in die Turmkammer zu helfen, schwang er sein scharfes Schwert und trennte ihr beide Hände ab, worauf sie abstürzte und zu Tode stürzte.

Ihr Geist wird immer wieder auch von Touristen, Angestellten und natürlich der Hausherrin selbst meist im Salon des Hauses gesehen.

Auch soll ein anderer Geist von Zeit zu Zeit auf Cawdor Castle gesichtet werden. Es ist die Seele von John Campbell, dem 1. Lord von Cawdor.

Doch wie die Gräfin von Cawdor in einem Interview einmal gesagt hat, sind wohl alle Geister des Hauses sehr freundlich und wohlgesonnen gestimmt. Mit diesem guten Gedanken setze ich meinen Rundgang durch die uralten Räume fort.

Es wurde im Laufe der Zeit immer wieder angebaut und erweitert. Ganz besonders schön jedoch finde ich die unterschiedlichen Gärten rund um das stolze Anwesen.

Vom Labyrinth Garten bis zum wildromatischen Staudengarten ist alles vertreten. Diese laden zum Verweilen und Träumen ein.

Kein Wunder das Cawdor mit einem der berühmtesten Shakespeare Stücke namens Macbeth in Verbindung gebracht wird. Doch dies beruht auf einer nicht haltbaren Geschichte.

Dadurch, dass in dem Stück der Thane of Cawdor benannt wird, dachten viele Menschen, dass sich das von Shakespeare geschriebene Drama auf Cawdor Castle abgespielt haben soll. Doch dem kann so gar nicht sein, denn der von Shakespeare beschriebene Macbeth tötete König Duncan in einer Schlacht nahe Elgin und nicht in Cawdor im Jahre 1040 – also 300 Jahre bevor Cawdor Castle überhaupt erbaut wurde!

Der 5. Earl von Cawdor sagte einst „Ich wünschte, der Dichter hätte sein verdammtest Stück nie geschrieben!“ Er regte sich Zeit seines Lebens darüber auf, dass dieses Bühnenstück immer mit der Geschichte seiner Familie in Verbindung gebracht und Inhalte des Stückes mit seiner Familiengeschichte vermischt wurden.

Wie auch immer dem sei- mich hat dieses wunderschöne und über Jahrhunderte von allen Kriegen unversehrt gebliebene Anwesen so sehr beeindruckt, dass ich nach meiner Rückkehr es nicht lassen konnte, ein Bild davon zu malen.

Dieses Bild habe ich ein Jahr später der Gräfin geschenkt und heute hängt es in den Räumen von Cawdor Castle.

Ich mache mich so langsam zurück auf den Weg zum Parkplatz, um zum nächsten, nicht weniger spektakulären und geschichtsträchtigen Ort zu reisen.

Wer in der Nähe von Inverness Urlaub macht, dem sei auf jeden Fall ein Ausflug zu diesem Ort wärmstens empfohlen!

The Witches Craig – Hexenkessel und Teufelstanz

Als ich mit meinem kleinen Camper an einem herbstlichen Abend auf einen Übernachtungsplatz fuhr, ahnte ich nicht, was mich dort alles erwarten würde. Das Schild „The Witches Craig", was soviel wie frei übersetzt „Der Kessel der Hexe" auf die Einfahrt hinwies, ließ mich laut lachen. „Wie schön" dachte ich, als ich auf den kleinen Platz fuhr.

Wie immer ging ich zur Rezeption, um mich anzumelden. Doch schon beim Blick in das kleine Holzhaus blieb mir der Atem stecken! Hunderte von kleinen und großen, liebevoll handgefertigten Hexen in allen Farben und Formen hingen dort and den Wänden und unter der Decke.

„Hallo und herzlich willkommen!" ruft mir eine hübsche, junge Frau mit wunderschönen langen und welligen rotem Haar entgegen.

„Guten Abend" strahle ich ihr entgegen. Sie führt mich in das kleine Holzhaus, welches als Anmeldung dient. So viele Hexenfiguren an einem Ort habe ich wirklich noch nie gesehen! Alles hier dreht sich um die Magie der weisen Frauen. Ich frage sie, was es damit auf sich hat. Lächelnd schaut sie zu mir hoch und sagt:

„Du bist hier auf dem Land der Hexen! Seit uralter Zeit gibt es sie hier und der magische Ort heißt nicht umsonst „The Witches

Craig"! Alle Hexlein finden über kurz oder lang hierher und ich sehe, dass Du auch eine bist!"

„Sie scheint mich durchschaut zu haben!" denke ich bei mir. Ja- es ist wirklich so, denn ich mag die uralten Bräuche, die Kräuterheilkunde und die alten Weisheiten der gelehrten Frauen und Heilerinnen.

Während ich den Anmeldungszettel ausfülle erzählt sie mir von der Geschichte der Region und ich höre aufmerksam zu.

Gleich am nächsten Morgen nehme ich mir vor, die Gegend genauer zu erkunden!

Etwa eine halbe Meile westlich des Dorfes Blairlogie liegt auf der linken Seite eine kleine Abzweigung die an einer Kirche vorbei den ansteigenden Weg hinauf zu den Ruinen der Logie Kirche führt. Direkt über der Kirche ragt ein großer, mit Bäumen gesäumter Felsen klippenartig hervor- das sind die Carlie Crags!

Dieser Ort oberhalb der vor langer Zeit zerstörten Kirche mit ihrem vermutlich im Jahre 1684 erbauten Friedhof, ist seit uralten Zeiten mit Legenden und Geschichten alter Hexen verbunden.

Der Name „Crags" leitet sich von dem Wort „carlin"- als Bezeichnung für eine Hexe oder alte Frau „cailleach"ab. Somit war dieser Ort auch ein Platz für heidnische Riten.

Als David Morris 1935 einen Bericht über die Gemeinde schrieb, erwähnte er, dass er der Meinung ist, dass ein Ältester der Logie Kirche von der „Carla Craig" heimgesucht wurde- sprich verzaubert. Auch bemerkt er in seinen Ausführungen, dass es wohl Ende des 19. Jahrhunderts eine Einheimische namens „Ailie" gab, die viele Leute als die echte Hexe von Logie bezeichneten.

Um sie ranken sich viele Geschichten. Zum Beispiel wurde überliefert, dass sogar von weit her kranke Kinder zu ihr gebracht wurden, um sie zu segnen. Doch hatte sie wohl etwas eigentümliche Methoden, die Kinder vom Bösen zu befreien und zu heilen, was von der Bevölkerung zwar nicht immer verstanden wurde, aber dennoch auf wundersame Weise half.

Ohne den Rat der Hexe ging manchmal gar nichts! Es wird sogar berichtet, dass wenn Verstorbene, welche zum Beispiel am 1. Mai, Halloween oder an anderen besonderen Tagen des Jahres auf dem kleinen Friedhof der Logie Church begraben werden sollten, die Hexe ihren Segen nicht gab, die Toten im Grab keine Ruhe finden würden!

Durch diese Geschichten verwundert es mich nicht, dass auch Rituale an diesem Ort beobachtet sein sollen. Zum Beispiel, dass man um das Jahr 1720 herum gesehen hat, dass sich die hiesigen Hexen mit dem Teufel höchstpersönlich getroffen haben, der als schwarzer Hund erschienen sein soll!

So versuchte ein übereifriges, strenggläubiges Mitglied der Gemeinde im 18. Jahrhundert den Teufel zu erschießen! Es gab zu dieser Zeit viele alte Frauen, die ganz eindeutig sich für Rituale auf dem Ritualplatz der Carlie Crag trafen.

Als dieses Mitglied der Gemeinde am Abend von einem Jagdausflug zurückkehrte, beobachtete er die Greisinnen bei ihren Ritualen. Wieder war ein schwarzer, zotteliger Hund anwesend- sprich in seinen Augen der Teufel! Vorsichtig schlich er sich am Fuße des Felsens mit einer Muskete bewaffnet an, um das Treiben zu beobachten.

Da man zu dieser Zeit glaubte, dass nur Silber ein dämonisches Wesen töten könne, steckte er nach einem kurzen Gebet eine Silbermünze in seine Waffe und feuerte mit klopfendem Herzen den Schuss auf den vermeintlichen Teufel, sprich den armen Hund ab, welcher den Felsen hinunter stürzte.

Danach rannte er behände zu dem Pfarrer des Ortes um ihm von seiner „Heldentat“ zu berichten. Dieser erklärte sich bei Tagesanbruch mit ihm die Leiche des Opfers zu inspizieren. Doch als sie am Fuße der Klippe ankamen, lag dort nicht wie erwartet ein schwarzer Hund, sondern den leblosen Körper einer die, welche einer sehr angesehenen alten Frau gehörte, die innerhalb der Kirchengemeinde sehr angesehen war.

In ihrem Aberglauben jedoch sahen die Männer nur, dass der „Böse Hund“ entkommen konnte und die unschuldige Ziege hat an seiner Stelle sterben müssen.

Doch der Pfarrer würdigte den Mann trotzdem für seinen Mut und warnte im Sonntagsgottesdienst daraufhin die Gemeinde, dass sich der Teufel in vielerlei Formen darstellen könne und seiner Meinung nach dieser nicht durch Schießpulver zu töten sei, sondern ausschließlich mit der Bibel verbannt sei.

Wie auch immer man darüber denken mag, ich bezweifle, dass der biblische Aberglaube des Pfarrers wirklich von der damaligen

Bevölkerung wirklich angenommen wurde, die so viel mehr an den lebendigen Animismus von Natur und deren natürlicher Kreisläufe gewöhnt waren.

Der Felsen ist auf jeden Fall ein guter Ort für rituelle Magie und seine assoziative Teufelskunde stammt wahrscheinlich aus piktisch, schamanistischen Praktiken, von denen immer noch Überreste auf den schottischen Hügeln bis in die heutige Zeit überlebt haben und praktiziert werden.

Ich laufe die kleine, immer enger werdende Straße hoch zur Logie Kirche, um mir einfach selber einen Eindruck machen zu können, neugierig gemacht durch diese vielen, alten Legenden.

Es ist ein ruhiger Tag mit Sonnenschein der durch die uralten, knorrigen Baumkronen fällt. Die typisch, schottischen Steinmauern säumen den Weg und ich habe das Gefühl, immer weiter in eine andere Energie zu gehen, so als ob man eine andere Welt betritt.

Immer wieder fühle ich mich von den kohlschwarzen Raben beobachtet, die dort zahlreich in den Bäumen wohnen. Wie Wächter lugen mal hier und da die gefiederten Freunde hervor und scheinen den anderen mitzuteilen „schaut- da kommt jemand!“

Weit und breit ist kein Mensch zu sehen. Ich denke, dass hier wohl auch niemand einfach nur so hingeht. Dafür ist dieser Ort zu sehr verspukt.

Doch zu meinem Erstaunen stelle ich fest, als ich das alte, schmiedeeiserne Tor zum Friedhof öffne, dass hier wohl jemand vor kurzem den Rasen gemäht haben muss.

Als das Tor knirschend hinter mir zufällt ist es mir schon ein wenig mulmig. Der Jahrhunderte alte Friedhof gleicht einer perfekten Szenerie für einen Horrorfilm. Überall auf den Grabsteinen sind Totenschädel abgebildet, welche den Betrachter an die Vergänglichkeit des Lebens erinnern.

Vorsichtig laufe ich über den nach frischem Heu duftenden Rasen. Ich habe keine Lust hier in eines der uralten Gräber einzubrechen. So etwas geschieht recht schnell, wenn darunter die Särge nach so langer zeit morsch sind. Es gibt hier keine Wege und man läuft direkt über die Begräbnisstätten her.

In der Mitte steht die Ruine der Logie Church. Es herrscht eine Stille jedoch mit einer Schwingung in der Luft, wo man denken könnte, dass jeden Moment ein Geist eines alten Piraten, eine Hexe oder Priesters erscheinen könnte. Man fühlt eine ständige Anspannung!

Ich mache einige Fotos von dem mystischen Ort und schaue mir die Ruine an. Der Glockenturm soll manchmal in der Nacht plötzlich läuten, obwohl niemand dort ist sagen die Einheimischen.

Ich spüre die Präsenz der Geister und Ahnen sehr deutlich dort. Hier scheint die Zeit still zu stehen.

Ich fühle mit den weisen Frauen, die hier zu Unrecht verurteilt wurden. Der darüber liegende Kultplatz sieht alles andere wie gruselig aus! Friedlich, wie ein Energiequell in der traumhaften Natur liegend, ist dieser Ort ideal um sich mit den Naturgeistern und deren Gesetzen zu befassen!

Ich bin mir sicher, dass dieser auch heute noch genutzt wird, da einige zurück gelassen Dinge darauf schließen lassen. Clooties and Bäumen, kleine Münzen und Püppchen als Opfergaben sind hier und da im Wald zu finden.

Während ich beschließe zurück zu gehen, bedanke ich mich bei den Naturgeistern hier gewesen sein zu dürfen. Ich freue mich immer, wenn ich sehe, das uralte Bräuche und Heilwissen nicht verloren geht!

Ich verabschiede mich bei den Ahnen und gehe den alten Weg wieder zurück. „Krawatt krawatt" krächzt es aus den Bäumen. Die Raben scheinen Entwarnung zu geben, dass nun ihnen der Ort wieder alleine gehört.

Als ich wieder an meinem Nachtlager ankomme begrüßt mich wieder die rothaarige Besitzerin. „Hallo- Du warst bei der Carlie Crag!" Ich schaue sie verdutzt an und frage „Ja- woher weißt Du das?" Sie lächelt mich an und sagt:" Meine Raben haben es mir gesagt Schwester. Du bist eine von uns!" Verdutzt schaue ich sie an und sage:" Ja- das bin ich!"

„Be blessed!" sagt sie zu mir, was soviel bedeutet wie „Sei gesegnet!"

"Be blessed too!" sage ich zu ihr. Wie schön ist es Menschen zu treffen, die noch diesen alten Pfad gehen!

Bei einem guten Kaffee genieße ich den Sonnenuntergang mit Blick auf die sanften Hügel und den auf den saftig grünen Wiesen so friedlich grasenden Highland Cattle- den typischen schottischen Rindern. Eigentlich hat sich hier gar nichts verändert- alles ist so geblieben wie es einmal war- wie wundervoll!

Stirling Castle – das Schloss der Einhörner

Hoch über der Stadt Stirling liegt auf einem alten Vulkanhügel die stolze Burg Stirling Castle. Erstmalig schriftlich im 12. Jahrhundert erwähnt, ist sie viel älter, als man denkt und stellt eine ganz besondere Rolle in Schottlands Geschichte dar.

Hier wurden sieben sehr äußerst geschichtsträchtige Schlachten geführt, wobei wohl die berühmtesten die Schlacht zu Stirling Bridge war, welche im Jahre 1297 kein anderer als William Wallace höchstpersönlich gegen die englischen Soldaten austrug, als auch die spektakuläre Schlacht von Bannockburn in der Robert the Bruce einen historischen Sieg gegen England errang. Deshalb steht Stirling Castle auch als Symbol für die schottische Unabhängigkeit.

Als im Jahr 1543 die grade mal neun Monate alte Mary Queen of Scots gekrönt wurde, erlangte Stirling Castle eine unwiederrufbare Berühmtheit.

Als ich die prächtige Festung über das holprige Kopfsteinpflaster betrete, fühle ich mich wie in einem Märchenschloss. Überall wo man auch hinschaut sind Einhörner in allen Variationen zu sehen. Das Einhorn als schottisches Nationaltier spielt grade hier auf dem Schloss eine besondere Rolle!

Hunderte dieser Fabeltiere sind hier zuhause. Besonders berühmt wurden die französischen Wandteppiche aus dem 16. Jahrhundert die Jagd auf ein Einhorn zeigen. Lange Zeit galten sie als verloren, doch im Jahre 1850 wurden sie durch Zufall wiedergefunden und konnten aufwändig restauriert werden. Die Originale hängen allesamt in New York im Museum. Kopien hängen an den Wänden von Stirling Castle.

Man muss dazu sagen, dass diese Jagdszene eher einen symbolischen Charakter aufweist, zwischen heidnischen Themen und christlichen Überlieferungen. Hierbei handelt es sich um die Liebe und um Reinheit der Beziehung.

Ich bin fasziniert von der Vielfältigkeit der Motive. Im Schlossinneren verbirgt sich eine weitere Einzigartigkeit- die „sprechenden“ Decken von Stirling.

Mein Blick wandert entlang der Zimmerdecken. Sie bestehen aus verschiedenen, geschnitzten und bemalten Köpfen von Adligen, bekannten Persönlichkeiten der Zeit, biblischen Gestalten und römischen Personen aus Mythen und Sagen.

Es scheint so, als ob sie alle sich miteinander unterhalten. Anhand der Mimik kann man in versteckten Botschaften erkennen, wie sich manchmal der ein oder andere über bestimmte Dinge lustig gemacht haben. Mit einem Lächeln schaue ich mir alles an, was einem der Guides die allesamt in historischer Gewandung in den Räumen zu finden sind mich anspricht und fragt:“ Sind die Schnitzereien nicht wunderschön?“ Ich antworte mit einem schottischen „AYE! They are unique like the Uniqorns!“ worauf wir beide lachen müssen.

Ich plaudere weiter mit ihm und irgendwann stelle ich ihm die berühmte Frage, ob es Geister auf Stirling Castle gibt. Nun gut- ich hätte es mir denken können, dass ich ab jetzt die nächsten 2 Stunden einen ausführlichen Vortrag bekomme...

„Ich glaube ja nicht an Geister, aber folgendes ist mir passiert ...!“ Wie oft habe ich das schon auf meinen Reisen gehört und dann die unglaublichsten Geisterstories zu hören bekommen. Auch hier dauerte es gefühlte 2 Stunden, die mein aufmerksamer Guide mir in allen schillerndsten Ausführungen über Geisterscheinungen berichtete.

So erfuhr ich, dass es hier nicht nur einfach eine weiße Frau gibt, welche ab und zu im schleierhaften Outfit durch die Räume schwebt- nein- es gibt noch eine grüne, blaue und sogar rosafarbene Dame!

Die Pinklady war der Legende nach mit einem stattlichen Ritter verlobt, der während der Unabhängigkeitskriege im Schloss verhungert war. Die hübsche Adlige trauerte so sehr, dass sie zwar nicht ebenfalls an den Folgen der Hungersnot verstarb, sondern an einem gebrochenen Herzen.

Eine andere Variante der Geschichte ist, dass sie eine junge Frau namens Mary Witherspoon war, die ein Opfer von Grabräubern wurde, welche zu dieser Zeit von gelehrten Männern beauftragt wurden, Leichen zu Obduktions- und Lernzwecken zu stehlen und an sie zu verkaufen.

Doch die Räuber wurden gefasst nur ihre sterblichen Überreste wurden nie mehr gefunden. Seitdem spukt sie umher und verströmt bevor sie erscheint einen Rosenduft. Rosen waren ihre Lieblingsblumen!

Doch von allen umhergeisternden Damen ist die grüne Lady wohl die gefürchtetste!

Laut der Erzählung war sie einst ein Dienstmädchen von Mary Queen of the Scots. Als die Königin nach 20 Jahren Aufenthalt in Frankreich zurückkehrte, hatte die Dienstmagd eine Vision. Als einfache Mädchen aus den Highlands hatte sie die Gabe des 2. Gesichtes. Sie konnte Dinge im Voraus sehen und somit in die Zukunft schauen.

Sie bekam die Eingebung, dass wenn ihre Königin nur eine Nacht in diesem Gemäuer schlief, sie die Morgendämmerung nicht erleben würde. Voller Panikerzählte die Dienstmagd ihrer Königin davon, die ganz gut zuhörte. Sie erklärte ihr, dass sie dennoch die Gastfreundschaft auf dem Schloss nicht einfach ablehnen konnte, da sie Mary so vortrefflich vor den Armeen des englischen Königs Heinrich dem 8. Beschützten. Doch sie erlaubte dem Mädchen in ihrem Schlafzimmer zu bleiben und des nachts über sie zu wachen, damit sie um Hilfe rufen konnte, wenn sich etwas Seltsames und Bedrohliches ereignen würde.

Das Dienstmädchen verriegelte die Tür und ließ sich in einem der wunderschönen Samtsessel nieder. Sie entzündete Kerzen und stellte auch eine neben das Bett der Königin die bereits eingeschlafen war. Doch dann schlief auch das Mädchen ein und es kam wie es kommen musste. Das Bett rutschte auf die Kerze hinunter und die Dienstmagd wurde von beißendem Rauch und lodernden Flammen geweckt. Die Königin war bereits von dem Rauch in Ohnmacht gefallen.

Sie zog mit ihren dünnen Armen die Herrscherin aus dem Bett und schaffte es irgendwie die von ihr selbst verriegelte Tür aufzustoßen und die Königin in Sicherheit zu ziehen. Die Königin überlebte, aber leider verstarb die junge Frau an den Folgen ihrer schweren Brandverletzungen schon am nächsten Tag.

Der Name ist nicht überliefert aber die Farbe des Kleides in dem sie verbrannte ist bekannt – es war die Farbe Grün!

Doch obwohl sie das Leben ihrer Monarchin rettete, gilt sie seitdem immer als Vorbotin von Tod, Katastrophen und schlimmen Dingen.

Deshalb besteht seitdem auf dem Schloss der Glaube, dass wenn sie jemandem erscheint, man ihr nicht in die Augen sehen darf, weil man sonst die Morgendämmerung nicht mehr erleben wird!

Sollten man also beim Besuch des Schlosses eine grüne Dame, (oder eine pinke, blaue oder weiße) in einem hübschen Rüschengewand erblicken – sofort umdrehen und ihr nicht in die Augen schauen – es könnte gefährlich werden!

Doch es gibt auch einen freundlichen Geist auf Stirling, der im typischen, schottischen Kilt gekleidet die Menschen anspricht und mit einem Tourguide verwechselt wird. Offensichtlich möchte er immer noch mitmischen und scheint da auch sehr korrekt in seinen Aussagen zu sein. Manchmal gibt es ja auch hilfreiche Geister!

Nachdem ich nun so viele Gruselgeschichten gehört habe, beschließe ich mir noch den restlichen Teil der imposanten Anlage anzuschauen.

Mit seinen bunten Zimmern und unzähligen Einhörnern könnte das Ganze auch ein Werk von Walt Disney sein. Wie im Märchen fühle ich mich erst recht, als ich im großen Saal des Schlosses ankomme. Dort stehen zwei riesige, Thronartige Stühle an einer langen Tafel. Ich kann es nicht lassen, mich einmal auf einen der Stühle zu setzen und wie eine Königin zu fühlen. Vor meinem geistigen Auge fühle ich mich 500 Jahre zurückversetzt und stelle mir vor, wie viele Menschen dort aßen, tanzten und Minnesänger zur Unterhaltung beitrugen. Wie die riesigen Kamine brannten und edle Damen in ihren bunten Kleidern aus teuren Stoffen durch den Raum schritten.

Doch ich reiße mich ganz schnell zusammen, weil ich an die Geschichten des Guides denken muss, wie oft die Festung angegriffen wurde und es doch in der heutigen Zeit wesentlich leichter zu leben ist.

Für meine männlichen Leser sei erwähnt, dass auf Stirling Castle der älteste Fußball ca. aus dem Jahre 1540 gefunden wurde. Er muss bei Erweiterungsarbeiten des Schlosses hinter eine Holzvertäfelung gekickt worden sein und wurde 1981 während Restaurierungsarbeiten gefunden. Man fand sogar schriftliche Aufträge von König James dem Vierten zur Anfertigung und Kauf von Fußbällen! Wer hätte das gedacht, das seine Hoheit und dessen Familie Fußballbegeisterte Spieler waren!

Mit einem unbeschreiblich schönen Ausblick auf die Umgegend von Stirling, verabschiede ich mich so langsam von diesem märchenhaften Ort. Die Sonne geht grade unter und taucht die Ochill Hills in ein pink/orange farbenes Licht. Die außerhalb des Schlosses stehende Statue von König Robert the Bruce, rundet das Ganze zu einer perfekten Szenerie ab. In der Ferne ist ebenfalls das William Wallace Monument zu sehen. Ein hoher Turm, welcher besichtigt werden kann, aber ich rate nur sportlichen Menschen dazu, die in der Verfassung sind, unzählige Stufen im Turm hochzusteigen.

Ich lasse dieses Bild noch ein wenig vor meinen Augen zu, denn es ist wirklich ein wunderschöner Anblick des Schlosses der Einhörner, sprechenden Zimmerdecken und Geister im pinkfarbenen Abendlicht zu sehen.

Doch bevor nun auch noch eine grüne Geister Lady auftaucht mache ich mich auf den Weg zum nächsten magischen Ort.

Skara Brae und Skaill House

Als im Jahre 1850 ein schwerer Sturm auf den Orkney Islands wütete, rechnete niemand damit, was die Naturgewalten in der Nacht freilegen würden!

Als Sir William Graham Watt am Morgen nach dem Sturm die Steine, Skelette und Räume entdeckte, traute er kaum seinen Augen. Er fing an mit Schaufel und Eimern nach und nach die Funde auszugraben. Doch erst sehr viel später wurden dann alle Häuser freigelegt und 1999 zum UNESCO Weltkulturerbe.

Skara Brae wird auch das Pompeji von Schottland genannt!

Die Orkneys sind seit ca. 8.500 Jahren besiedelt und boten somit seit der Jungsteinzeit den Menschen eine Heimat. Skara Brae wurde ca. um das Jahr 3180 vor Christus bewohnt. Man muss sich vorstellen, dass diese Bauwerke älter wie die Pyramiden von Gizeh sind, älter als das weltberühmte Stonehenge!

Sehr schön veranschaulicht wird dies schon auf dem Weg zum Eingang. Alle paar Meter liegen auf dem Weg zu dieser archäologischen Kostbarkeit hin Steintafeln mit besonderen Ereignissen der Weltgeschichte. Ich habe auf diesem Weg das Gefühl wie in einer Zeitmaschine zurück zu gehen.

Der kräftige Wind zerzaust mein langes blondes Haar und es duftet nach Seetang und Meer. Ja- hier ist die Zeit stehen geblieben, denn die Menschen welche hier damals lebten, haben genau dasselbe gehört und gesehen. Man muss sich dennoch vorstellen, dass das Meer damals wesentlich weiter entfernt war und nur im Laufe der Zeit, da immer mehr Küste abgetragen wurde, heutzutage so nah ist.

Als ich das erste Steinhaus betrete, wird mir bewusst, wie liebevoll die damaligen Menschen mit dem was sie besaßen umgegangen sind. An der Wand ein steinernes Regal, in der Mitte eine Feuerstelle und selbst Betten mit Fellen ausgelegt gab es hier. Holz war und ist hier Mangelware und ich bin erstaunt, was man alles aus Stein so machen kann! Alle Häuser waren mit Gängen untereinander verbunden, damit niemand um von einem Haus zum anderen zu gehen, das Haus verlassen musste.

Das macht absolut Sinn, denn das raue Klima hier hoch oben im Norden kann ganz schön kalt sein.

Eines der Häuser jedoch hat keine Betten und man vermutet, dass dieses Haus eher eine Werkstatt war.

Die Menschen der damaligen Zeit betrieben einfachen Ackerbau und auf dem Speiseplan standen Wild, Fisch, Milch, Käse und Getreide.

Damals lag Skara Brae an einem Süßwassersee und somit war für Trinkwasser ebenfalls gesorgt.

Es ist ein magischer Ort, denn hier wurden auch Zeremonien abgehalten, wie die geheimnisvollen Steinkugeln, die hier gefunden wurden, beweisen. Man ist sich bis heute nicht über deren Bedeutung genau bewusst, aber sie müssen einen hohen Stellenwert besessen haben, denn mit den Werkzeugen des Neolithikums war es nicht so einfach den Stein derartig zu bearbeiten.

Man muss sich vorstellen, dass hier ungefähr zwischen 50 und 100 Menschen gelebt haben. Warum die kleine Siedlung einst aufgegeben wurde, kann man nicht mit Sicherheit sagen.

Ich schaue mir noch das dazu gehörige Museum mit seinen vielen Artefakten an. Selbst eine kleine Göttin wurde hier gefunden. Die Tatsache das hier über 600 Jahre lang Menschen gewohnt haben und keine Waffen gefunden wurden, zeugt davon, dass es ein friedliches Leben gewesen sein muss!

Doch hier an der Skaill Bay gibt es noch eine andere Sehenswürdigkeit, die in wenigen Minuten fußläufig von Skara Brae zu erreichen ist – Skaill House.

Dieses von außen eher etwas grau wirkende, edle Anwesen bietet eine Fülle von spannenden Geschichten, Geistererscheinungen und unglaublich schönen Interieur, mit Kuriositäten aus aller Welt.

Dies wundert einem nicht, wenn man bedenkt, dass hier sogar der berühmte Captain James Cook zu Gast eingeladen war und das Porzellan welches er als Gastgeschenk vorab zugesandt hat, immer noch in der Vitrine des Zimmers anzuschauen ist. Doch leider erreichte er Skaill House nicht, denn er fand kurz zuvor auf Hawaii den Tod.

Als ich die Räume betrete habe ich schon wieder das Gefühl in einer anderen Zeit zu sein, denn nichts hier wurde verändert und alles sieht gemütlich und als ob es noch bewohnt sei aus.

Ständig habe ich den Eindruck, seltsame Gerüche zu erschnuppern. Laufend drehe ich mich um, weil ich denke, dass mir jemand folgt, doch da ist niemand.

Ich bewundere die vielen Souvenirs aus aller Welt. Seidenteppiche, Säbel, Tigerfelle uvm.

Selbst Geheimgänge und hinter Bücherregalen verborgene versteckte Plätze für Kostbarkeiten gibt es zu bestaunen.

Und schon wieder nehme ich seltsame Gerüche war. Diesmal wie Zigarettenrauch! Es ist aber strengstens untersagt in diesen Räumlichkeiten zu rauchen und ich wundere mich schon sehr, wo dieser Rauch herkommt!

Als ich am Ausgang im kleinen Souvenirladen ankomme, spreche ich einfach die freundliche Verkäuferin auf meine Wahrnehmung an.

„Darf ich Sie etwas fragen?“ sage ich in meinem höflichsten Englisch zu ihr.

„Ja sehr gerne!“ antwortet die Verkäuferin.

„Ich habe eben Zigarettenrauch gerochen und auch ständig das Gefühl gehabt, nicht alleine im Raum zu sein. Gibt es hier Geister?"

Sie lächelt mich an und sagt: „Ach das war Ubby!"

„Wer ist Ubby?" frage ich.

„Das ist einer unserer Hausgeister und der riecht immer nach Zigarettenrauch! Aber der ist total freundlich!"

Ich starre sie an und möchte mehr wissen.

„Wer war er und was für eine Aufgabe hatte er im Haus?"

„Er hat bei allen möglichen Dingen geholfen und sogar die kleine Insel mit Felsen im Loch Skaill gebaut. Eines Tages jedoch verschwand er auf unerklärliche Weise und seitdem spukt er hier rum!"

„Gibt es noch mehr solcher Geister hier?" frage ich weiter, denn nun bin ich neugierig geworden.

„Oh ja Madam! Wir alle und auch der jetzige Laird haben schon im Haus Geister gesehen. Auch viele Besucher berichten uns von Erscheinungen." erwidert sie mit ernstem Gesicht.

„Zum Beispiel der Geist des Sohnes einer der Lairds der grade einmal 14 Jahre alt war und auf tragische Weise bei einem Reitunfall ums Leben kam. Schauen Sie Madam- von ihm gibt es überall im Haus Bilder und wenn er als Geist erscheint, sieht er genauso aus!"

Mir läuft es eiskalt den Rücken runter und ich bekomme Gänsehaut. So ein junger hübscher Bursche mit dunkelbraunem Haar und wunderschönen Augen. Und ja- es ist mir aufgefallen, dass in vielen Zimmer ein Bild ein und des gleichen Teenagers aufgehangen ist.

„Stellen Sie sich vor, was vor ein paar Jahren hier entdeckt wurde!"

Ich schaue sie mit fragendem Blick an.

„Bei Restaurierungsarbeiten die vor der Öffnung für die Öffentlichkeit stattfanden, hat man unter der Ost Veranda 15 menschliche Skelette entdeckt! Mit Hilfe der Radiokarbondatierung und Genanalysen hat man herausgefunden, dass sie uralt und nordischer Herkunft sind. Noch überraschender kam hinzu, dass ebenfalls bei Renovierungsmaßnahmen unter dem Steinboden in der Haupthalle, der nur durch Parkett ersetzt werden sollte, weitere Skelette gefunden wurden!"

„Wieso sind da so viele Skelettfunde am und im Haus?" frage ich sie erstaunt.

„Wir wissen mittlerweile, dass dieses Haus auf einem uralten, nordischen Friedhof errichtet wurde. Deshalb sind alle Skelette auch weiterhin an ihrem Platz!"

Ich schaue auf meine Füße und denke mir, dass sich unter dem Fußboden Gräber befinden- wie gruselig.

„Machen sie sich keine Sorgen Madam, unsere Geister sind alle ganz freundlich! Sie tun Ihnen nichts!"

„Da bin ich aber beruhigt!" denke ich.

Ich bedanke mich ganz herzlich für das schöne Gespräch und mache mich wieder auf den Weg. Skaill House und Skara Brae sind wirklich magische Orte mit uralter Tradition, vielen Geschichten und eine atemberaubende Location. Absolut sehenswert!

Doch nun führt mich die Reise zu anderen Orten hier auf den Orkney Islands und ich muss mich sputen, noch vor der Dunkelheit ein Nachtlager zu finden, denn bei so vielen Geistern möchte ich nicht übernachten!

Auch nicht, wenn sie freundlich sind und Zigaretten rauchen!

Standing Stones of Stenness und der Ring of Brodgar

Die Orkney Islands haben unwahrscheinlich viel zu bieten und natürlich auch Megalithen und Steinkreise.

Auf einer Landzunge zwischen dem Loch Stenness und dem Loch of Harray auf dem Mainland der Orkney Insel gelegen, stehen die 5.120 Jahre alten Standing Stones of Stenness. Von den ursprünglich 12 Steinen stehen heutzutage leider nur noch 4 Stück an ihrem Platz. Doch sind sie absolut beeindruckend mit einer Höhe von bis zu fast 6 Metern!

Doch wer jetzt denkt, dass die Anlage vor sehr langer Zeit zum Teil zerstört wurde irrt sich – im Jahre 1814 war der Bauer Captain MacKay so genervt von den Menschen die immer wieder sein Feld kaputt traten um die Steine zu sehen, dass er kurzer Hand einen

Stein umwarf und den sogenannten Odin Stein- einem Stein mit einem großen Loch in der Mitte als Mühlstein für die Pferdemühle benutzte. Gott sei Dank konnten die Behörden seinem zerstörerischen Handlungen Einhalt gebieten und den umgeworfenen Stein wiederaufrichten. Der Odin Stein war jedoch verloren, denn er wurde beim Abriss der Mühle zerstört.

Im Jahre 1907 wurden dann verschiedene Erhaltungsmaßnahmen durchgeführt und unter anderem der große Dolmenstein rekonstruiert. Doch auch dieses wurde 1972 wieder zerstört, als Menschen meinten, dort eine wilde Party an diesem eigentlich heiligen Ort abhalten zu müssen.

Ich gehe durch das Viehgatter durch auf die saftige, grüne Wiese, auf welcher die Steine stehen. Mit Ehrfurcht und Respekt nähere ich mich dem Monument der Steinzeit. Man hat das Gefühl einen ganz besonderen Ort zu betreten, der zu der damaligen Zeit eine große Herausforderung der Bauherren darstellte. Über 5000 Tage sollen nach wissenschaftlichen Erkenntnissen daran gebaut worden sein.

Der Wind zerzaust mein Haar und ich tappe mit meinen grünen Gummistiefeln durch den fast sumpfigen Boden. Sanft und vorsichtig berühre ich den höchsten der Steine und habe das Gefühl wie ein sanftes vibrieren zu fühlen.

Ich schließe meine Augen und lehne mich vorsichtig gegen den Stein. Das vibrieren wird zu einem Ton und ich spüre, wie dieser Ton mich in eine andere Stimmung versetzt, so als ob ich mich auf ein Ritual einstimmen wollte. Man kennt so ein Phänomen ja auch zum Beispiel von der buddhistischen Silbe OM.

Ich nehme plötzlich mein Umfeld ganz anders war. Meine Sinne werden sensibilisiert. Das Meer scheint lauter zu rauschen, der Wind singt sein stürmisches Lied und das Gras duftet noch intensiver als zuvor.

„Wow“ denke ich mir still. Der Stein klingt als ob er leben würde. Nicht kalt, sondern irgendwie so, als ob seine mit Moos und Flechten bewachsene Oberfläche wie eine Haut zu leben scheint.

Die stehenden Steine gehören zu einer riesigen Tempelanlage. Der nahe gelegene Ring of Brodgar, Maeshowe- ein Hügelgrab mit der größten Runeninschrift der Welt, der Siedlung Barnhouse und weiteren Gebäuden.

Am liebsten wäre ich den ganzen Tag dort gestanden, um diese wundervolle, mystische Schwingung zu spüren, denn sie hat auf eine mir nicht zu erklärende Art etwas Heilendes für Körper, Geist und Seele.

Der Name „Stenness“ kommt aus dem Altnordischen von „Steinnes“ und bedeutet so viel wie „Steinort“ oder „Ort der Steine“.

Doch nun mache ich mich auf den Weg zum einem der größten Steinkreise des UK – dem Ring of Brodgar.

Er gehört mit zu der riesigen Tempelanlage und liegt nicht weit von Stenness entfernt. Mit seinen 104 Metern Durchmesser ist er so groß, dass zur damaligen Zeit bei rituellen Handlungen bis zu 3.000 Menschen in dem heiligen Kreis Platz fanden!

Leider sind von den ursprünglich 60 Steinen nur noch 27 erhalten, aber das tut der Magie des Ortes keinen Abbruch.

Man muss sich vorstellen, dass dieser auch Henge genannte Steinkreis Jahrtausenden Wind und Wetter ausgesetzt war und es umso erstaunlicher ist, dass er so überhaupt noch vorzufinden ist!

An manchen dieser großen Felsbrocken sind noch Runen zu lesen. Leider konnten sie bisher nicht entschlüsselt werden, da die Runen von Brodgar zu den sogenannten Zweigrunen gehören. Zweigrunen sind eine besondere Form der Runenschrift und werden im Uhrzeigersinn gelesen. Sie ähneln dem Ogham, aber konnten bis heute nicht richtig gelesen werden. Man vermutet, dass sie eher kultischen Zwecken dienten und auch als Koordinaten eine Aufgabe besaßen.

Ich stapfe wieder mit meinen alten Gummistiefeln „Bewaffnet“ den glitschigen Hang zu den Steinen hinauf. Als ich den Kreis durch ein Meer von Heidekraut betrete, habe ich den Eindruck der soeben noch stark bewölkte Himmel macht auf.

Auch hier ist eine besondere Energie zu spüren, die die Steine wie Wächter aus einer anderen Zeit auf mich wirken lassen. Ich wundere mich nicht, dass ausgerechnet her so viel schottische Heide wächst, denn man sagt in Schottland, dass die Heide nur an guten und heiligen Orten wächst und diese Orte mit ihrer Pflanzenkraft beschützt! Nicht ohne Grund ist ein Sträußchen der lilafarbenen Pflanze ein wunderbarer Talisman!

Dieser Kultort zieht mich in seinen Bann! Von hier aus lasse ich meinen Blick in die Ferne schweifen. Die Farben, die hier durch die schnell mit dem Wind ziehenden Wolken und dem damit verbundenen Lichteinfall stetig wechseln, wirken wie ein Freudenfest der Sinne auf mich.

Ich beschließe eine kleine Meditation an diesem heiligen Ort zu zelebrieren.

Es tut gut so hochfrequente Energien und Bilder an einem Ort, der seit Jahrtausenden fast unverändert für die Menschen heilig ist, in sich aufzunehmen und den Zauber des Momentes zu spüren. Einfach auch dankbar zu sein, dass man das große Glück hat, einmal hier gewesen sein zu dürfen!

Einfach ein zauberhafter und geheimnisvoller Ort der Götter!

The Italian Chapel – ein Wahrzeichen für Glaube und Frieden

Eine der für mich bewegendsten Geschichten für mich, hat sich auf Orkney in den letzten Jahren des zweiten Weltkrieges ereignet.

Um im Jahre 1942 die sogenannten Churchill Barriers – eine Verbindung zwischen den Südinseln und dem Festland von Orkney zu bauen, brachte man italienische Kriegsgefangene aus Afrika nach Orkney. Der Bau dieser künstlichen Dämme war wichtig, um Angriffe deutscher U-Boote abzuwehren.

Dieses riesige Bauprojekt wurde durch schnell, eigens für die italienischen Arbeiter errichtete Lager auf den Weg gebracht. Große Felsbrocken in Stahlkäfigen, festigten die massiven Dämme.

Doch schon im September des Jahres 1943, als Italien kapitulierte, bekamen die Arbeiter wesentlich mehr Freiheiten und wurden sogar für ihre Hilfe angemessen bezahlt!

Doch etwas fehlte- ein Ort, wo die strenggläubigen Menschen im Lager namens Camp 60 beten konnten. Schon zuvor hatten die kreativen Italiener kleine Wege angelegt, um nicht immer im morastigen Boden einzusinken. Bald schon wurden diese Wege mit kleinen Blumenbeeten geschmückt, um der eher kargen Landschaft von Lamb Holm ein wenig Farbe zu geben.

Domenico Chiocchetti war ein einfacher Mann, der als einzigen Trost und um niemals die Hoffnung aufzugeben, ein Bild einer Madonna mit einem Ölzweig bei sich trug. Das kleine Bildchen hatte er einst von seiner Mutter geschenkt bekommen. Immer wenn er traurig und hoffnungslos war, schaute er das kleine Bild an, wie er später berichtete.

So kam er auf die Idee, aus alten Metallresten, Stacheldraht und anderen Metallteilen eine Figur des heiligen St. Georg zu kreieren. Mit übrigem Zement formte er einen Sockel um die wunderschöne Figur darauf zu montieren. Somit war ein Ort des Glaubens und des Gebetes geschaffen.

Als eines Tages ein Pfarrer Camp 60 besuchte und diese Statue des heiligen Georgs sah, war er so tief beeindruckt, dass er den Mann, der das gefertigt hatte, kennen lernen wollte.

Domenico Chiocchetti erzählte ihm von seinem Traum, eine kleine Kirche zu bauen. Pater Giacobazzi setzte sich sofort für Ihn bei dem damaligen Major TP Buckland- dem Lagerkommandanten ein und der organisierte sofort zwei „Nissenhütten" – halbrunde Wellblechhütten welche rasch als Unterkunft für Soldaten aufgebaut werden konnten- für die Italiener.

Es gab allerdings die Bedingung, dass alle Arbeiten an der Kapelle außerhalb der Arbeitszeiten stattfinden mussten.

Dem stimmten die Arbeiter gerne zu und sammelten fortan zum Beispiel Metall für die Verzierungen, alte Blechdosen, aus denen sie Kerzenhalter machen konnten und sparten ihr Zigarettengeld für ein wenig Stoff zur Dekoration.

Chiocchetti fand durch seine Begeisterung für das Projekt andere Arbeiter, die sich ebenfalls mit ganzem Elan dem Bau widmeten.

Buttapasta war ein Zementarbeiter, Palumbi ein Schmied, Primavera und Micheloni Elektriker und andere Männer namens Barcoglioni, Battatio, Devitto, Fornasier, Pennisi, Sforza und viele mehr. Sie alle trugen jeder dazu bei, ein Kleinod zu erschaffen, was trotz seiner abgelegenen Lage heutzutage immer noch über 100.000 Menschen aus aller Welt anzieht!

Viele Monate arbeiteten die Männer an der Kapelle. Von außen kam eine sehr dicke Schicht Zement auf das Wellblech, damit die Kirche vor Wind und Wetter geschützt war. Im Innenraum bemalte

Chiocchetti die Wände mit Bildern, die Vortäuschen, dass es sich um eine Steinmauer handeln könnte. Auch das Altarbild ist sein Werk. Nach dem kleinen Bildchen, was er immer mit sich trug, malte er über dem Altar die Madonna von diesem Bild. Die anderen schufen Kronleuchter und eine kunstvolle, schmiedeeiserne Wand mit Tür, die den Chorraum abtrennt.

Sogar ein imposantes Portal, als einen kleinen Kirchturm mit Glocke machten das Bauwerk perfekt.

Zum ersten Mal konnte eine richtige Messe abgehalten werden!

Doch nach nur wenigen Gottesdiensten, wurden im Sommer des Jahres 1944 wegen des Waffenstillstandes zwischen Italien und England, die meisten ehemaligen Kriegsgefangenen zurück nach Hause verschifft.

Nun sollte man denken, dass die meisten sich freuten, doch nicht alle wollten sofort zurück!

Es gab noch ein paar Arbeiten an der Kapelle zu erledigen und so blieb Chiocchetti einfach noch zwei Wochen länger dort, um seinem Werk noch den letzten Schliff zu verleihen. Erst dann fuhr auch er in die Heimat zurück.

Das Camp wurde direkt nach Kriegsende dem Erdboden gleich gemacht, damit nichts mehr an die schlimme Kriegszeit erinnern konnte. Doch die Italian Chapel blieb erhalten!

Domenico Chiocchetti kehrte 1960 zurück nach Orkney. Diesmal sogar mit seiner Frau um ihr die Kapelle zu zeigen. Sie war auch diejenige, die das große Holzkreuz neben der Kirche gespendet hat!

Mit Tränen in den Augen zeigte er ihr „seine“ Madonna. Die beiden blieben eine Weile und er half sogar bei den Restaurierungsarbeiten mit.

In seiner tiefen Verbundenheit zu den Orkadiern schrieb er zum Abschied:

„The chapel is yours – for you to love and preserve.“

„Die Kirche gehört Euch – damit Ihr sie liebt und erhaltet“.

Wie schön es doch ist, wenn aus Kriegsfeinden Freunde werde, wenn aus Gefangenschaft Freiheit und eine wunderschöne Sache entsteht, die dem Besucher zeigt, dass man niemals die Hoffnung aufgeben sollte und Wunder wahr werden können, solange man im tiefsten Glauben an sich und Gott glaubt.

Orkney hat noch so viel mehr zu bieten. Die kleinen Städtchen laden zum Bummeln ein und historische Bauten, wie der Bischoffspalast und Sankt Magnus Cathedral sind in Kirkwall absolut sehenswert.

Aber auch viele andere stillere Plätze wie der Old Man of Hoy – einem besonderen Steilfelsen mit seiner Vogelwelt, oder archäologische Ausgrabungsstätten wie Maes Howe mit seinen nordischen Runeninschriften, lassen den Aufenthalt auf den Orkneys niemals langweilig werden!

Mein Tipp – nach einem Ereignisreichen Tag lassen Sie doch mal den Tag mit typisch, schottischer Livemusik ausklingen. Einmal in der Woche spielt das Original Fiddle und Akkordeonorchester im Pub „The Reel" auf zum Konzert. Die fröhlichen Klänge der alten Volkslieder zusammen mit einem guten Getränk und einem kleinen Snack, geben dem erlebnisreichen Tag den perfekten Ausklang!

Fairy Glen und Fairy Pools – wo die Feen tanzen

Was wäre Schottland ohne seine Elfen und Feen! Auf der Isle of Skye gibt es Plätze, wo man sagt, dass die zauberhaften, zierlichen Wesen in der Nacht tanzen und sogar ein eigenes Schloss besitzen!

Ich mache mich auf den Weg zu der westlich vor der Küste gelegenen Insel, die seit einigen Jahren durch eine Brücke mit dem Festland verbunden ist.

Der strahlendblaue Himmel an diesem Tag ist in Schottland ein wahres Geschenk und bedeutet für mich, dass die kleine Wanderung zum Fairy Glen trockenen Fußes erfolgen wird.

Ich parke mein Auto und laufe in das kleine Tal hinein. „Hier sollen sie also wohnen!“ denke ich bei mir. Die sanften, grünen Hügel, welche sich mit kleinen Terrassen an den Hängen das Tal säumen, lässt den Eindruck entstehen, in eine Märchenwelt aus längst vergangener Zeit zu wandern.

Die bizarre Form der Felsen und Steine schauen aus, als ob ganz besondere Baumeister der Mutter Natur daran gewerkelt haben. So wundert es mich nicht, dass die Menschen auf Skye sagen, das Tal sei von den Elfen erschaffen worden!

Der herausragendste der Felsen wird auch Castle Ewen genannt – das Elfenschloss!

Von weitem könnte man denken, es sei die Ruine einer alten Burg, doch es ist eigentlich wirklich nur ein imposanter Fels. Ich beschließe den schmalen Weg zum „Schloss“ empor zu steigen um mir einen besseren Überblick über das Tal zu verschaffen. Ein bisschen muss ich schon auf meine Schritte achten, denn der Weg ist steinig und steil. Oben angekommen sehe ich erst, wie wundervoll in seiner Ausstrahlung dieses Kleinod ist!

Knorrige Bäume stehen zwischen kleinen Bächen und Seen. Die wenigen Blumen geben dem ganzen einen romantischen Touch. Vor meinem geistigen Auge versuche ich mir vorzustellen, wie des nachts im Mondschein sich die Elfen und Feen versammeln, um hier der alten Legende nach zu tanzen.

In den Erzählungen der Schotten sind Elfen die Geister der Toten. Andere wiederum sagen auch, dass es Wesen sind, welche noch nicht reif genug für den Himmel sind und gleichzeitig aber auch nicht schlecht genug für die Hölle.

Manchmal sagen die Hüter des alten Wissens auch, dass sie einfach Wesen für sich sind, die zu den Naturgeistern gehören.

Wie auch immer dem sei – wenn es einen Ort auf dieser Welt gibt, wo es Elfen geben soll, dann dieser hier!

Ebenfalls auf der Isle of Skye gelegen sind die Fairy Pools.

Die Fairy Pools befinden sich in Glenbrittle. Sie sind wunderschöne, natürliche Felsenbecken gefüllt mit kristallklarem Quellwasser, die von einer Reihe von Wasserfällen aus den Cuillin Mountains gespeist werden.

Inmitten einer aus Heidekraut und Felsen gesäumten Moorlandschaft führt ein schmaler, etwa 2,5 Kilometer langer Schotterweg dorthin.

Die Wasserfälle sind wirklich absolut sehenswert und wer sehr mutig ist, kann sogar darin baden. Allerdings empfehle ich in dem nur wenige Grad kaltem Wasser dies besser nur mit einem Neopren Anzug zu versuchen.

Für eine kleine Wanderung sind die Fairy Pools ein wunderschönes Ziel!

Old Man of Storr – wo der Riese schläft

Etwa zehn Kilometer nördlich der Inselhauptstadt Portree gelegen, zeigt sich eine der außergewöhnlichsten Felsformationen, welche die Isle of Skye zu bieten hat. Wie ein übergroßer Hinkelstein von Asterix und Obelix steht eine Felsennadel hoch oben auf dem Berg „The Storr“ vor einer Felsenwand namens „The Sanctuary“- die Zuflucht, welche ein wenig ausschaut wie aus dem Film Jurassic Park. Dieser Felsen wir auch „Old Man of Storr“ genannt.

Das Wort „storr“ kommt aus dem Altnordischen und bedeutet so viel wie „groß“ oder „Gipfel“. Für die Wikinger war diese einzigartige Felsformation ein für die Seefahrt wichtiger Orientierungspunkt.

Um diesen Ort ragen sich viele Geschichten und lassen dem Betrachter, wenn er den Old Man of Storr besucht verstehen, dass diese Mystik aufgrund der besonderen Formation, des ständig wechselnden Lichtes und der atemberaubenden Szenerie einfach ein Quell für solche Legenden ist.

In den schottischen Geschichten ist sehr häufig von Riesen die Rede. So sollen einst zwei Riesen, ein alter Mann und seine Frau auf der Flucht vor Angreifern den Berg erklommen haben, um in den Felsen Zuflucht zu finden. Doch aus lauter Angst vor den Verfolgern schauten sie auf halben Weg zurück und wurden dabei umgehend in zwei Felsnadeln verwandelt.

Eine andere Legende besagt, dass hier einst ein verstorbener Riese begraben wurde und der Old Man of Storr der Daumen sei, der aus der Erde herausragt.

Eine andere Version der Sage ist, dass ein Ehepaar auf dem Berg nach einer entlaufenen Kuh Ausschau hielt. Auf der Suche nach der Kuh begegneten sie einem Riesen, welcher ihnen einen gehörigen Schrecken einjagte. Als sie versuchten vor dem grimmigen Riesen zu flüchten, schauten sie sich um und wurden umgehend versteinert!

Doch auch von Feen wird berichtet, dass sie einen Mann der sie verspottete in einen Stein verwandelt haben.

Wie auch immer die geologisch äußerst interessante Steinformation entstanden ist- die Isle of Skye bietet unzählige Geschichten von Naturgeistern und Elementarwesen.

Ich persönlich liebe es, den uralten Märchen bei einer guten Tasse Tee und etwas Shortbread zu lauschen. Ist so etwas nicht wundervoll, in einer Welt die heutzutage nur von Smartphones, Computern und Socialmedia regiert wird?!

Wer dann noch weitere Abenteuerlust beflügelt, dem sei gesagt, dass die Isle of Skye noch viel mehr zu bieten hat. Ich empfehle auch einen kurzen Ausflug in die Hauptstadt Portree mit ihren bunten Häusern, oder einen Besuch auf Dunvegan Castle.

Wer Legenden liebt, der wird sich hier wohl fühlen!

Kelburn Castle – das Graffiti Schloß

Schottland – das Land der unzähligen Burgen und Schlösser, wie kann man sich da etwas hervorheben und was lässt sich der Schlossherr einfallen, um sich ganz besonders aus der Masse hervor zu heben? Man macht mal eben eine „Villa Kunterbunt" aus seinem Zuhause!

Der Graf von Glasgow – Patrick Boyle kam auf die Idee sein Castle im Jahr 2007 von brasilianischen Graffiti Künstlern bemalen zu lassen. Eigentlich sollte diese Kunstaktion nur für drei Jahre sein, um dann das 750 Jahre alte Castle an der Westküste Schottlands zu renovieren.

Doch die farbenfrohe Burg zieht seitdem Besucher aus aller Welt an und so beschloss der Hausherr seine imposante Festung einfach so zu lassen!

Dies stieß zwar auf viel Kritik seitens mancher Denkmalschützer, denn man kann doch nicht einfach mal so eben seine historische Burg bemalen lassen...doch kann man!

Mittlerweile ist das in der Grafschaft Ayrshire gelegene, kunstvolle Gebäude ein sehr beliebtes Ausflugsziel für Jung und Alt.

Die Graffitis zeigen leicht, für mich etwas psychedelisch anmutende Bilder. Der Kamin schaut aus wie ein Lego Männchen, das Dachtürmchen wie eine riesige Eule und auf dem großen Turm ein schlafendes Gesicht. Man entdeckt ständig neues. Eine bunte Vielfalt künstlerischer Freiheit ergibt ein Gesamtkunstwerk welches in Verbindung mit dem historischen Bauwerk auf der Welt einzigartig sein dürfte.

Umgeben von einer wunderschönen Landschaft mit einem Zauber Wald, versteckten Wasserfällen und immer neuen Dingen die es zu entdecken gibt, wird hier der Besuch nicht langweilig.

Das Innere des Schlosses kann ebenfalls besichtigt werden und gibt dem historisch interessierten Besucher eine Zeitreise in vergangene Jahrhunderte.

Ich finde Patrick Boyle ist ein absoluter Trendsetter durch seine ausgefallene Idee. Die Tatsache, dass es der Denkmalschutzbehörde lieber wäre, wenn das Schloss mit einer Farbe angestrichen würde, welche es in den vergangenen Jahrhunderten auch hatte um das Bild zu gewahren, interessiert Boyle nicht. Er ist der Meinung, die ich auch durchaus verstehen kann, dass alle Gebäude die zu früheren Zeiten gebaut wurden, immer ein bisschen Trendsetter ihrer Zeit waren! Architektur und Design wurden immer dem zur Epoche angehörigen Geschmack, Neuerungen und Mode angepasst.

Ich finde die futuristisch wirkende Burg einfach phänomenal! Für mich auch ein magischer Ort wo Ideen und Kreativität Wirklichkeit geworden sind. Ich finde, dass auf diesem Weg ein zauberhaftes Gebäude aus einem Jahrhunderte lang dauernden Dornröschenschlaf erweckt wurde.

Ein gelebtes Märchen unsere Zeit.

Finnich Glen – The Devil`s Pulpit

Ein mittlerweile durch die Dreharbeiten der Fernsehserie „Outlander“ der breiten Masse bekannt gewordene Ort ist Finnich Glen mit der Kanzel des Teufels. Früher nur den Einheimischen bekannt, zieht diese äußerst, oder soll ich besser sagen „Gott sei Dank“ sehr versteckte Ort, dennoch jedes Jahr zigtausende Schaulustige an.

Doch dies bereitet der Bevölkerung große Probleme und warum dies so ist, werde ich hier mal beschreiben.

Die bis zu 70 Meter tiefe Schlucht wurde vor Urzeiten vom Fluß Carnock Burn in den roten Sandstein gegraben.

Die geologischen Auswaschungen bewirken, dass das Wasser sich blutrot färbt, was dem Ganzen einen sehr mystischen Ausdruck verleiht.

Der Legende nach soll hier der Teufel höchstpersönlich auf dem „The Devil`s Pulpit" – „Der Teufelskanzel" genannten Stein gestanden haben, um zu seinen Anhängern zu predigen. Zu seinen Füßen sollen sich Wasserstrudel entstanden sein und die blutrote Gischt soll sogar auf seine Worte reagiert haben.

Nun ja- das muss man sich natürlich mal anschauen, doch wer denkt, dass dies so einfach wäre, der hat sich gewaltig geirrt!

Zunächst einmal ist das Areal heutzutage durch Mauern, abgeschlossene Tore und Unmengen von Stacheldraht geschützt. Dies hat auch einen triftigen Grund!

Früher führten einmal große, sehr steile Steinstufen hinunter zum Fluss. Diese sind jedoch mit der Zeit gekippt und zu einem sehr großen Teil abgerutscht, oder gar nicht mehr vorhanden. Man nannte sie „Teufelsstufen" oder auch „Jakobsleiter".

Heute sind sie definitiv nicht mehr passierbar und aufgrund zahlreicher Abstürze von Menschen, welche versucht haben sich ohne entsprechende Bergsteigerausrüstung dorthin zu begeben, wurde dieser Zugang abgeschlossen.

Doch immer noch hangeln sich Menschen hinunter an alten Bergsteigerseilen, die nur dilettantisch an morschen Ästen festgeknotet wurden.

Ich würde jedem Menschen absolut abraten, dort hinunter zu gehen, denn man kommt die matschigen, glitschigen Hänge nicht mehr herauf und einen Handyempfang zwecks Rettung gibt es dort nicht!

Theoretisch kann man auch dem Fluss entlang dorthin gelangen, aber auch dieses Unterfangen ist absolut gefährlich! Im Sommer ist das Wasser nicht sehr hoch und man kann mit entsprechendem Schuhwerk hindurch laufen, kommt aber ein unerwarteter Regenguss (was in Schottland nichts Ungewöhnliches ist), dann steigt der Pegel rasant an und der Fluss wird zu einem rauschenden, wilden Gewässer!

Nichtsdestotrotz wird diese Schlucht immer noch von Druiden, Hexen und anderen heidnischen Gruppierungen für geheime Treffen und Rituale genutzt.

Der Legende nach muss man hier die Wahrheit sagen, sonst wird man vom blutroten Fluss verschlungen!

Inmitten des besonderen Lichtes der von Bäumen und seltenen Pflanzen bedeckten Schlucht steht mitten im Wasser die Pilzförmige Teufelskanzel. Hier soll er gesessen haben um auf die verlorenen Seelen zu warten.

In diesem Reich aus moosbedeckten Felsen offenbart sich dennoch eine bezaubernde Welt und es wundert mich nicht, dass dieser Ort von so vielen Sagen und Legenden umgeben ist.

Eigentlich absolut sehenswert dachte sich auch der Landeigentümer David Young und verhandelt derzeit mit dem örtlichen Stadtrat für eine Genehmigung dort einen richtigen Parkplatz für Besucher und sichere Treppen hinunter in die Schlucht für über 2 Millionen britischen Pfund zu bauen.

Auf der einen Seite wird dann zwar Finnich Glen nie mehr der stille, mystische Ort wie zuvor sein, auf der anderen Seite wird er so auch vor Vandalismus geschützt und nicht durch Menschen, welche die sensible Fauna und Flora zertreten zerstört!

Jede Geschichte hat zwei Seiten der Medaille, aber es wäre auch sehr schade, wenn ein solches Kleinod verloren ginge.

Auf jeden Fall sehenswert und bald dann auch gefahrlos begehbar!

Den Teufel wird es freuen und die Tierwelt wird es freuen! ☺

The Wee Hoose – das kleine Haus am Loch Shin

„Wo ist nur dieses kleine Haus?“ denke ich bei mir als ich am südöstlichen Ufer von Loch Shin Richtung Lairg fahre. In der kleinen Stadt in den Highlands soll es ein winziges Haus im Wasser geben mit einer abenteuerlichen Geschichte!

Bisher verirren sich kaum Touristen in das ruhige, abgelegene Örtchen. Die meisten die hierher fahren, schauen sich eher auf der Durchreise die berühmten Wasserfälle an, wo sich zu einer bestimmten Jahreszeit tausende Lachse tummeln um die rauschenden Wassermassen entgegen des Stroms, empor zu springen.

Doch in Lairg halten die wenigsten. Dabei ist der romantische, kleine Ort durchaus liebens- und sehenswert wert! Kleine Cafés und die Aussicht auf den Loch Shin laden zum Verweilen ein.

Doch wo ist denn nun das „Wee Hoose“? Im vorbei fahren sehe ich es dann plötzlich und suche mir rasch einen Parkplatz.

Im See liegt das wohl kleinste Wohnhaus was ich je gesehen habe. „Ist das niedlich!“ denke ich mir. Doch wie sollen da laut Legende Menschen drin gelebt haben. „Es hat die Größe einer Hundehütte!“ stelle ich etwas skeptisch fest. Da stimmt was nicht!

Das Hinweisschild am Ufer erzählt die Geschichte. So soll es von einem Wilderer namens Jock Broon erbaut worden sein, der dem hiesigen Laird das Destillieren von Whisky beigebracht hat. Als Dankeschön erhielt er eine kleine Insel im Loch Shin.

So beschloss Jock darauf das kleine Haus zu bauen. 1887 soll er dann bei der Jagd sich selbst in den Fuß geschossen haben und daran gestorben sein worauf sein Sohn das kleine Haus erbte. Auf dem Schild sehe ich Bilder von Jock und seiner großen Familie im Haus fotografiert. Allein das macht mich schon stutzig, denn zu dieser Zeit waren Fotografien auf Papier noch nicht erfunden! Das erste bekannte Foto ist 1826 erst entstanden!

Somit können die Bilder gar nicht echt sein! Und wie hätten so viele Menschen in das Minihaus passen sollen.

Da bin ich wohl dem schottischen Humor auf den Leim gegangen und dafür 4 Stunden durch die atemberaubenden Highlands gefahren.

Der Gag klärt sich schnell auf, denn was ebenfalls auf dem Schild zu lesen ist, dass in Wahrheit die Menschen auf den Bildern aus heutiger Zeit in alter Kleidung fotografiert wurden und das Wee Hoose nur Bestandteil eines Festumzuges in den 1990ern auf einem der Wagen für die Lairg Gala war.

Da es allen so gut gefiel wurde es nicht wieder zerstört, sondern auf der kleinen Insel platziert, wo es bis heute zu bestaunen ist.

Doch bin ich nicht die Einzige, die auf die Geschichte des kleinen Hauses hereingefallen ist! Selbst die BBC ist dort eigens für eine Serie mitsamt dem Kamerateam dorthin gefahren um dann festzustellen, dass die Legende nur erfunden wurde. Dies hat für ein schallendes Gelächter gesorgt und zeigt, wieviel Humor und Herz die Menschen in den Highlands haben!

Ich habe den Vormittag auf jeden Fall am Ufer des Loch Shin noch bei einer guten Tasse bestem, schottischen Tees genossen!

Doch fahre ich danach weiter zu den spektakulären Wasserfällen, den Falls of Shin.

Über eine kurvenreiche Straße entlang des Flusses Shin gelangt man zu einem der wunderschönen Wasserfälle der Highlands. Am nach einem Brand neu erbauten Besucherzentrum nebst Restaurant kann man auf dem großzügig angelegten Parkplatz sein Auto abstellen. Nur wenige Minuten entfernt führt ein kleiner Weg in Serpentinen hinunter zu einer schönen Aussichtsplattform. Von dort aus schaue ich mir den tosenden Wasserfall an. Zwischen Mai und September springt hier der majestätische Atlantiklachs die donnernden Wasserfälle empor, um wieder flussaufwärts zu kommen.

Sie kehren vom offenen Ozean zurück und schwimmen den Dornoch Firth und den Kyle of Sutherland hinauf. Von dort aus gelangen sie in den Fluss Shin wo sie einst geboren wurden.

Ich schaue auf die rauschenden Fluten und versuche einen Lachs zu erblicken. Das ist gar nicht so einfach, denn die flinken Fische sind nur ganz kurz in den wirbelnden Wellen zu sehen.

Doch ich habe Glück und mit ein bisschen Übung sehe ich mehrere der schnellen Schwimmer. Manche schaffen es beim ersten Anlauf den Wasserfall empor zu springen, andere brauchen mehrere Anläufe.

So wundert es mich nicht, dass so viele Angler im Lauf des Flusses Shin angeln gehen!

Von hier aus kann man auch wunderbar die gut angelegten Wanderwege erkunden. Die Natur hier ist zauberhaft und ursprünglich und bietet gute Möglichkeiten die lokale Tierwelt zu erkunden.

Ich wandere noch ein wenig durch die mystische, naturbelassene Landschaft und denke so bei mir, dass es ein Geschenk ist, wenn man für eine Zeit sich in diesem wunderbaren Teil der Erde hat bewegen dürfen!

Alloway – wo Poesie entspringt und ein Dorf nur alle 100 Jahre auftaucht

Wen die Reise durch Schottland entlang der Westküste auch in die Stadt Alloway führt, der sollte auf jeden Fall den Robert Burns Trail besuchen.

Schottlands berühmtester Dichter und Komponist wurde hier geboren. Die ganze Welt kennt die von ihm verfassten Liedertexte! Das wohl berühmteste „Auld Lang Syne", welches Millionen Menschen zu Sylvester, Hochzeiten, Feierlichkeiten jeder Art singen, bewegt auch nach über 200 Jahren die Gemüter und lässt Gänsehaut entstehen.

Ich besuche an diesem Tage zuerst das Burns Cottage. In diesem mit Heidekraut gedeckten Häuschen wurde der berühmte Dichter am 25. Januar des Jahres 1759 geboren.

Das kleine 3 Zimmer Zuhause wurde von seinem Vater William Burness erbaut.

Irgendwie wirkt es sehr gemütlich in dem kleinen Haus. Hier musste die ganze Familie auf engstem Raum leben. Ein Teil des Hauses ist abgetrennt für das Vieh. Überall an den weißen Wänden stehen Zitate von Robert Burns. Vor den Boxen für die Kühe stehen Butterfässer, Heugabeln und andere Werkzeuge.

Als ich den eigentlichen Wohnraum betrete, fällt mir sofort neben einem hölzernen Tellerbord ein Spruch auf! „Inspired by Superstition and Song“. Der Dichter ließ sich tatsächlich durch die alten Bräuche, den Aberglauben und die wundervolle Natur Schottlands inspirieren.

Auf dem Esstisch stehen Becher aus Kuhhörnern und eine kleine Tafel erregt meine Aufmerksamkeit.

So etwas habe ich noch nie gesehen, muss aber wohl zu dieser Zeit Gang und Gäbe gewesen sein.

„Robert Burns Schülerkarte im Alter von 6 Jahren" steht darauf. Das Alphabet, die Beurteilung über die Leistungen des Schülers und das christliche Vater Unser sind darauf zu sehen. „Jeder Dichter hat auch mal klein angefangen!" denke ich mir lächelnd.

Doch dann fällt mein Blick auf das in der Wand eingebaute, spartanisch, ärmliche Bett und lässt eine Gänsehaut über meinen ganzen Körper ziehen.

Dort hängen die vier symbolischen Taufgewänder der vier Burns Geschwister. Wie kleine Geister scheinen sie dort beleuchtet in der Luft zu schweben. Eine eher bedrückende Ansicht, die mich traurig stimmt.

Robert Burns
born here
Gilbert Burns
born here

Ich beschließe derwegen das Haus wieder zu verlassen und den wunderschönen, dazu gehörigen Garten anzuschauen, den die Burns hegten und pflegten. Sofort fällt mir ein aus Binsen und Ästen gestalteter Reiter auf. Dieser wurde wohl in Anlehnung an Robert Burns berühmtesten Werk namens Tam O`Shanter gefertigt.

In dieser beobachtet Tam diabolisches Hexentreiben in der nahe gelegenen Kirche und wird sogar von einer Hexe verfolgt, die seinem treuen Ross auf dem er in Windeseile vor den düsteren Gestalten weg ritt, dem armen Tier den Schwanz abriss! Doch Tam konnte sich mit einem rasanten Ritt über die berühmte Brig O`Doon mitsamt dem Pferd retten, denn Hexen können laut Aberglauben nicht darüber gehen!

Der ganze Garten ist voller liebevoll in Mauern eingelassenen Scherenschnitten aus Metall. Sie zeigen wie Schattenspiele Szenen aus den berühmtesten Dichtungen.

Doch führt dieser kleine Trail auch weiter zu einer Kirche nebst Friedhof, welche in Tam O`Shanter ebenfalls vorkommt. Die Auld Alloway Kirk wurde im 16. Jahrhundert gebaut und neben einem Friedhof mit berühmten Personen der Stadt, ist die Kirchenruine, wo es im Übrigen immer noch des Nachts spuken soll, ein beliebtes Fotomotiv.

Doch der Weg führt weiter vorbei an Skulpturen und Bildern aus den Werken des Dichters. Sogar eine 2 Meter hohe Maus ist vertreten!

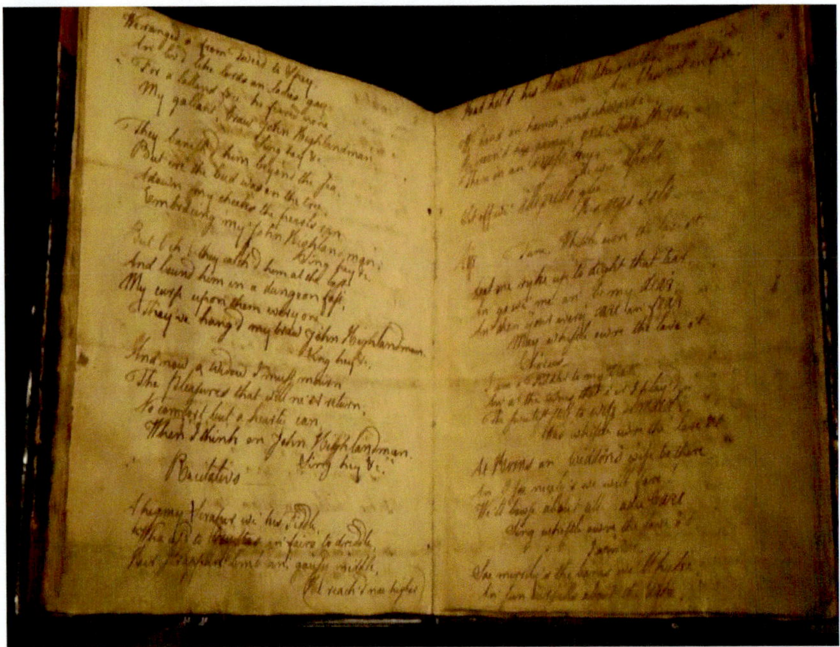

Sehr zu empfehlen ist auch das große Museum mit vielen Exponaten rund um Robert Burns. Original Manuskripte, Bilder, Kleidung – ja selbst seine Freimaurer Kleidung ist dort zu bestaunen!

Als Autorin kann ich es nicht lassen, mir eine Schreibfeder mit dem Konterfei des kreativen Genies zu kaufen. Vielleicht bringt sie mir ja ein wenig Inspiration für meine Bücher!

Wenn man das Museum wieder verlässt, so führt die letzte Etappe des Trails zu der wohl romantischsten Stelle in Alloway.

Hoch oben auf einem Hügel sieht man schon von weitem ein Tempelartiges Gebäude im griechischen Stil. Dies wurde etwa 20 Jahre nach dem Tod von leidenschaftlichen Anhängern Robert Burns gebaut, um dem großen Dichter zu gedenken.

Sir Thomas Hamilton Junior entwarf dieses hübsche Gebäude dessen Dach von 9 Säulen getragen wird und mit Musen aus der griechischen Mythologie verziert ist.

Da es grade anfängt zu regnen, beschließe ich den Tempel mir von innen anzuschauen. Man muss dazu sagen, dass er von einem wunderschön angelegten Garten umgeben ist, in dem hauptsächlich Rosen blühen in Anlehnung und Hommage an eines seiner berühmten Gedichte – „A Red, Red Rose".

„O my Luve is like a red, red rose
  That's newly sprung in June;
O my Luve is like the melody
  That's sweetly played in tune.

So fair art thou, my bonnie lass,
  So deep in luve am I;
And I will luve thee still, my dear,
  Till a' the seas gang dry.

Till a' the seas gang dry, my dear,
  And the rocks melt wi' the sun;
I will love thee still, my dear,
  While the sands o' life shall run.

And fare thee weel, my only luve!
  And fare thee weel awhile!
And I will come again, my luve,
  Though it were ten thousand mile."

R obert Burns

Der 21 Meter hohe Tempel bietet eine fantastische Aussicht über Alloway. Von hier aus sieht man die im Tam O`Shanter beschriebene Brig O`Doon – eine steinerne, bogenförmige Brücke, die auch als Inspiration für ein Musical von 1947 und einem daraus resultierendem Hollywood Film aus dem Jahre 1954 als Inspiration galt. Mit Weltstars in den Hauptrollen wie Gene Kelly, Van Johnson und Cyd Charisse schuf Metro Goldwyn Mayer mit „Brigadoon" einen absoluten Kassenschlager in die Kinos.

Die Story erzählt von 2 Freunden die zur Jagd in die schottischen Highlands fahren und dabei über die Brid O`Doon gehen, worauf sie in einem Dorf landen, welches nur alle 100 Jahre aus dem Nebel auftaucht. Natürlich verliebt sich einer der beiden in die schöne Schottin, doch kehren sie bevor das mystische Dorf wieder verschwindet nach Amerika zurück. Einer der Hauptakteure kann jedoch seine neu gewonnene Liebe nicht vergessen und somit reisen sie wieder zurück in die Highlands. Man erwartet jedoch nicht, dass das mittlerweile wieder für 100 Jahre verschwundene Dorf noch da ist, aber wie es in Liebesgeschichten nun einmal so ist, taucht das Dorf an der Brücke wie von Geisterhand aus dem Nebel auf und der verliebte Mann rennt über die Brücke zu seiner Angebeteten.

Ein berühmtes Zitat gibt dann der Dorfschulmeister des spukigen Örtchens von sich: „Ich habe dir gesagt, wenn du jemanden tief genug liebst, ist alles möglich ... sogar Wunder."

Wie auch immer dem sei- ich laufe mal probehalber über das alte, moosüberwucherte Kopfsteinpflaster der Brücke zum anderen Ende. Ich möchte auch mal ein geheimnisvolles Dorf entdecken! Doch geschieht leider nichts. Ok- ich habe da ja auch keinen gutaussehenden Schotten, der sich in mich verliebt hat und dort 100 Jahre auf mich wartet, aber versuchen konnte ich es ja mal.

„Vielleicht bin ich ja auch nur grade am falschen Tag hier!“ denke ich so bei mir und beschließe es vielleicht nochmal an einem anderen Tag zu probieren. Was nicht ist, kann ja noch werden!

Auf geht es weiter zu einem nicht weniger spektakulärem Ort und die Brig O`Doon fährt sogar mit mir mit dorthin, denn sie ist auf meinem Geldschein, einer schottischen 5 Pfundnote abgebildet.

Mit dem Lied Auld Lang Syne auf den Lippen begebe ich mich auf den Weg.

Glamis Castle – wo der Teufel würfelt

Ich fühle mich wie die Königin persönlich, als ich die lange Allee zum Schloss entlangfahre. Schon von weitem sieht Glamis Castle mit seinen vielen kleinen und großen Türmen hochherrschaftlich aus.

Hier im Counil Angus nahe dem Ort Glamis wurde im 14. Jahrhundert mit dem Bau des romantischen Anwesens begonnen. Doch schon weit vorher erstmals im Jahre 10. Jahrhundert erwähnt, lebten hier berühmte historische Persönlichkeiten. Vor dieser Zeit war es wahrscheinlich ein heidnischer Kultort der Pikten.

Ich wollte dieses mit vielen Legenden umgebene Märchenschloss unbedingt besuchen, denn seine Geschichten haben mich neugierig gemacht.

Glamis Castle ist das Elternhaus der Queen Mum und hier wurde auch ihre 2. Tochter Prinzessin Magaret geboren. Heutzutage ist das Anwesen vom 18. Earl of Strathmore Michael Bowes-Lyon und seiner Familie die hier seit 600 Jahren residiert bewohnt.

Ganz aufgeregt parke ich mein Auto und mache mich auf den Weg zum Eingang. Hinter den 1 Meter dicken Mauern verbergen sich zahlreiche Rätsel, die es zu ergründen gilt.

Die wohl bekannteste ist die Legende ist die vom Monster of Glamis Castle.

Die Geschichte besagt, dass Anfang des 19. Jahrhunderts ein Kind auf Glamis Castle geboren wurde, dass einmal die Ländereien und Besitztümer erben sollte. Doch noch am Tage seiner Geburt wurde der Tod des Säuglings bekannt gegeben.

Dies stimmte jedoch nicht ganz, denn das Kind lebte nur war es stark behindert und so schrecklich deformiert, dass man es der Öffentlichkeit nicht zeigen konnte. Als verdrehte Karikatur eines Menschen, mit dem Rumpf eines Fasses, haarig wie ein Pelz, den

Kopf verdreht ohne Hals auf den Schultern sitzend, mit spindeldürren Armen und Beinen und einem Gesicht wie eine Kröte, wurde das arme Wesen von den Menschen beschrieben.

Es stand damals außer Frage, dass dieses unglückliche Kind niemals seinen Platz an der Spitze der Familie einnehmen konnte. Somit sperrte man das arme Wesen in geheime Räume innerhalb der Burg, welche von bis zu 5 Meter dicken Mauern umgeben waren. Trotz dieser widrigen Bedingungen wuchs dieses Kind auf und erreichte ein stattliches Alter. Manchmal durfte es, wenn niemand in der Nähe war ein wenig auf den Brüstungen der Zinnen unter Aufsicht herumlaufen um etwas frische Luft zu bekommen. Daher werden diese Teile des Daches immer noch „The Mad Earl´s Walk´" genannt.

Nachforschungen ergaben, dass das Kind wahrscheinlich Thomas Bowes-Lyon war, ein Sohn von Thomas, Lord Glamis und seiner Frau, welche die Ururgroßeltern der heutigen Königin waren.

Nach dem Tod des „Monsters von Glamis" soll sein geheimes Gefängnis zugemauert worden sein. Als in den 60ern die Gäste von der grausamen Geschichte hörten, versuchte man diese Geheimkammer zu finden. So wurden alle gebeten, aus jedem der zahlreichen Fenster ein Handtuch heraus zu hängen, damit man die versteckte Kammer mit den Fenstern finden konnte. Das gruselige an der Geschichte ist jedoch, dass aus vielen Fenstern kein Handtuch hing! Dies bestätigt die Legende, dass es auf Glamis Castle viele geheime Räume gibt!

Seitdem geistert die Seele des armen Wesens von Zeit zu Zeit auf den Zinnen des Schlosses herum, dort wo er zu Lebzeiten ein wenig das Tageslicht erblicken konnte.

Ja- alte Schlösser haben ihre Geister und es sind manchmal sehr tragische Geschichten. So auch eines anderen Geistes auf Glamis Castle – der Grey Lady!

Man vermutet, dass es sich bei dem Geist um Lady Janet Douglas handelt, die als angebliche Hexe 1537 auf dem Scheiterhaufen in Edinburgh verbrannt wurde. Man warf ihr vor, sie hätte ihren ersten Ehemann John Lyon vergiftet, doch sie wurde freigesprochen und heiratete Archibald Campbell of Skipness.

Doch als am im Juli 1537 ihr anlastete einen Anschlag auf König James den 5. geplant zu haben, kam es erneut zur Anklage. Auch wenn dies nie bewiesen werden konnte, brachte man sie in den Kerker von Edinburgh. Da niemand Beweise gegen sie finden konnte, wurde kurzerhand ihre ganze Familie und Diener so sehr gefoltert, dass man quasi die gepeinigten Menschen dazu zwang, unter Todesangst Falschaussagen zu machen.

So wurde dann die unschuldige Janet 1537 auf dem Scheiterhaufen verbrannt.

Seitdem wird sie als graue Dame immer wieder von Gästen, Bewohnern und Angestellten in der Kapelle von Glamis Castle gesehen. Deshalb wird ihr auch immer ein Platz in der Kapelle freigehalten und wenn die Tür zum Gottesraum zu ist, muss man dreimal anklopfen, damit sich die Grey Lady im Gebet versunken nicht erschreckt!

Ich laufe durch das wunderschöne Schloss. Würde man diese grausamen Legenden nicht kennen, so sähe hier eigentlich alles ganz friedlich aus. Doch der Gedanke an verborgene Räume und Geister lässt meine Sinne sehr aufmerksam sein. Ich habe mir die kleine Kapelle angesehen und hatte tatsächlich das Gefühl einen paranormalen Präsenz.

Wie versteinert stehe ich jedoch plötzlich vor dem Teil einer Wand, wo sogar der Teufel persönlich gewesen sein soll! Irgendwie bin ich ja sonst nicht die schreckhafteste, aber beim Gedanken an die Geschichte, welche mir einer der Guides des Schlosses soeben erzählt hat, bekomme ich schon ein komisches Gefühl in der Magengegend.

Einer der berüchtigtsten Geister von Glamis Castle ist der von Alexander Lindsay, 4. Earl of Crawford. Besser bekannt unter dem Namen Earl Beardie. Zu Lebzeiten soll er ein verwirrter, grausamer Mann gewesen sein, der dem Alkohol frönte.

Als Earl Beardie Gast auf Glamis Castle war, forderte er seine Gastgeber auf, mit ihm ein Würfelspiel zu spielen. Doch Gastgeber und Angestellte verweigerten ihm seine Bitte, denn es war Sabbat und somit ein Ruhetag an dem man keine Glücksspiele machte.

Daraufhin tobte er durch das Schloss und schrie in seiner Wut aus sich heraus, dass er sogar mit dem Teufel Karten spielen und Würfeln würde. Kurz nachdem er das gesagt hatte, klopfte ein Fremder an die Tür und bot ihm an, mit ihm zu spielen.

Die beiden Männer zogen sich in eines der zahlreichen Zimmer zurück und verschlossen die Tür.

Kurze Zeit darauf hörten man lautes Fluchen und Schreien aus der Kammer. Ein Diener eilte herbei um zu schauen, worum es bei dem Streit ging. Er blinzelte durch das Schlüsselloch und wurde umgehend von einem gleißend hellen Lichtstrahl derartig geblendet, dass er für eine ganze Weile nichts sehen konnte.

Das Spiel dauerte die ganze Nacht und nun wussten alle, dass der fremde Mann der Teufel höchstpersönlich war! Der Leibhaftige war gekommen, um um die Seele des Grafen zu spielen. Als der Teufel gewann verurteilte er ihn bis zum Tage des Jüngsten Gerichts zu spielen, weil er es gewagt hatte, am Sabbat Glücksspiel zu betreiben!

Seitdem hört man Geräusche wie Schreie, Stampfen, Klopfen an Türen und lautem Fluchen, aus dem Westturm des Schlosses - dem angeblichen Ort des Kartenspiels.

Auch dieser Raum wurde vermauert und zugesperrt, aber anscheinend half dies nicht viel, denn es gibt immer wieder zahlreiche Berichte von Bewohnern und Gästen, die einen bärtigen Mann sehen, der durch die Burg wandert. Manche sollen sogar von seinem Geist berührt worden sein!

Irgendwie finde ich diese grausamen Geschichten verstörend und so langsam mache ich mich auf den Weg zum Ausgang durch die herrschaftlichen Gemächer. Als ich grade dachte, ich wüsste nun alle Geistergeschichten von Glamis Castle, kommt der Guide mit dem ich mich vorher schon einmal unterhalten hatte auf mich zu und sagt: „ Ich habe noch mehr für Sie!"

Mit einem Lächeln auf dem Gesicht berichtet er mir vom kleinen, dunkelhäutigen Hausdienergeist, der den Besuchern vor dem Schlafzimmer immer an der gleichen Stelle ein Bein stellt und an der Kleidung zupft. Ihn würden alle sehr mögen und der kleine Geist scheint auch Humor zu haben. Er hat auch immer an der

Bettwäsche der Schlafenden gezogen, um sie ein wenig zu erschrecken. Dies führte dann soweit, dass aus dem Schlafzimmer ein Umbau zum Bad stattgefunden hat!

Doch dann sei da noch eine Spukkammer, in der einst eine ganze feindliche Familie im Jahre 1486 eingesperrt wurde und alle durch Hunger und Durst den Tod fanden. Die Skelette wurden einige Jahre später erst gefunden. Auch diese Familie soll in dem Raum heute noch spuken.

Ich schaue den freundlichen Guide an und denke bei mir: „Hoffentlich nimmt das mal ein Ende, sonst erzählt er mir morgen immer noch von den Geistern hier ... so viele Geister kann es doch in einem einzigen Haus gar nicht geben!"

Doch- kann es! Er erzählt und erzählt. Es hätte auch einen Butler gegeben, der sich in der Henkerskammer erhängt hätte. Da sie aber heute eh nicht mehr benutzt wird ginge dort eh niemand mehr hinein!

„Wie beruhigend!" denke ich mir mit einem leicht sarkastischen Lächeln. Er berichtet weiter wie ein nicht versiegender Quell.

„Habe ich Ihnen schon vom verspukten Löwenbecher erzählt?" fragt er mich. Ich antworte höflich mit einem Nein.

„Dieser Becher sage ich Ihnen, der hat es in sich! Jeder der daraus trinkt wird erstmal total verwirrt und ist für 1 Tag nicht Herr seiner Sinne!" sagt er aufgeregt.

„Mhm – soll ich ihn mal fragen wieviel Whisky da rein geht, denn das würde die Verwirrtheit erklären!" denke ich mir still.

Tatsächlich weiß niemand, woher dieser verfluchte Becher in Form eines silbernen Löwen kommt und tatsächlich nach nur wenigen Schlucken daraus den Menschen komplett verwirrt.

So mancher musste im nahen gelegenen Dorfe wieder „eingefangen" werden, weil er komplett die Orientierung verloren hat.

„Und dann gibt es da noch die Frau ohne Zunge! Wenn sie erscheint, dann erschreckt man sich wirklich!" gibt er mit ernster Miene zum Besten. „Sie ist voll mit blutenden Wunden im Gesicht und schaut einem böse an und guckt immer durch die Gitter am Fenster!" sagt er um das Ganze noch mehr zu veranschaulichen.

„Wie viele Geister denn noch? Nimmt das heute gar kein Ende?" denke ich mir langsam etwas nervös werdend.

In diesem Moment schlägt die alte Uhr neben mir und zeigt dem Guide an, dass man bald schließen wird. Diesen Moment nehme ich wahr um mich rasch zu bedanken und zügig zu verabschieden.

„Gehen Sie nicht an den Fluss Lady! Der ist auch verspukt und fordert jedes Jahr ein Opfer! Und das nur weil man an einem falschen Ort gebaut hat!"

Ich lächle ihm zustimmend zu und beschleunige meine Schritte zum Ausgang. Nicht das ich nicht gerne den alten Legenden zuhören würde, aber das sind mir langsam ein paar Geister zu viel. Als die Dinge sehr sensitiv und empathisch wahrnehmender Mensch, brauche ich jetzt erstmal frische Luft um die Nase und positive Stimmung.

Irgendwie habe ich mich vor lauter Spukgeschichten und Geistern gar nicht auf die wundervolle Architektur und Einrichtung des Schlosses konzentrieren können, ebenso wie auf die traumhaften Parkanlagen mit den blühenden Gärten.

Ich drehe mich noch einmal um, um einen letzten Blick auf Glamis Castle zu richten. Doch war da was? Da am vergitterten Fenster. Ich schaue genauer hin und meine das Konterfei einer jungen Frau in altmodischer Kleidung gesehen zu haben.

Vielleicht war es aber auch einfach nur ein Schatten, der am abendlichen Himmel am Fenster vorbei gehuscht ist.

Nein – an Spukgeschichten habe ich heute genug gehört! So mache ich mich auf den Weg, zu einem mit guten, humorvollen Schwingungen behaftetem Ort und sage dem Märchenschloss leise Ade.

Die Pikten und ihre Magie – geheimnisvolle Symbole auf Steinen aus uralter Zeit

Die Pikten lebten in der Zeit vom 3. bis 9. Jahrhundert n. Chr. in Nord- und Ostschottland. Es ist nicht sehr viel über ihre Geschichte bekannt, da nur sehr wenige Aufzeichnungen von Erzählungen erhalten geblieben sind. Leider aber nicht in der Sprache der Pikten.

Zahlreiche Inschriften deuten jedoch darauf hin, dass sie eine Sprache sprachen, die eng mit dem Walisischen und Gälischem verwandt ist.

Der Name Pikten leitet sich aus dem lateinischen „Picti" von frei übersetzt „die Bemalten" ab. Vielleicht hatten sie Tätowierungen oder bemalten sich mit kunstvollen Malereien aus Naturfarben. Es könnte auch eine Art Kriegsbemalung gewesen sein, denn die Pikten überfielen die Römer, welche damals Großbritannien belagerten.

Ab dem 9. Jahrhundert wurden Pikten und Schotten von ein und demselben König regiert und das trotzdem zu dieser Zeit die Regionen und Inseln wie Shetland, Orkney, Caithness, Sutherland und die Hebriden alle unter der norwegischen Krone standen.

Wie immer, wenn ich durch Schottland reise, interessieren mich die historischen Relikte des geheimnisvollen Völkerstammes. Eine Vielzahl der Pikten Steine und Skulpturen findet man auf dem sogenannten Pictish Trail. Dieser führt von Inverness aus auf die Black Isle vorbei am Moray Firth, Dornoch Firth hinauf bis nach Golspie.

Diese traumhafte Route, welche häufig direkt am Meer entlangführt, birgt einen unglaublichen Schatz an archäologischen Kostbarkeiten.

In meinem Buch „Magische Orte in Schottland Teil 1“ habe ich bereits über das zum Trail gehörende Museum in Rosemarkie geschrieben.

Diesmal führt mich meine Reise zunächst nach Port Mahomack.

Ich halte auf dem kleinen Parkplatz direkt neben der alten Kirche an. Diese wurde vor Jahren zu einem Museum umfunktioniert und zeigt eine der bedeutesten Sammlungen aus dem Leben der Pikten.

Ich bewundere schon am Eingang eine große Figur. Sie stellt die Piktenkönigin dar. Über einen sehr alten Friedhof gelangt man zum Eingang. Ich öffne das schmiedeeiserne Tor und wundere mich über die kleinen Säulen aus Edelstahl. Doch recht schnell klärt sich ihre Funktion auf, denn man kann mit dem Fuß eine Art Pedal treten welches Strom erzeugt und via Lautsprecher dann die Geschichte erzählt bekommt! Eine clevere Idee!

Das Tarbat Discovery Center ist ein Ort der immer wieder für neue archäologische Entdeckungen sorgt. Viele Fundstellen auf diesem Areal wurden erst jüngst entdeckt! Die Stätte wurde in den 90er Jahren von der University of York ausgegraben und ist von großer, nationaler Bedeutung, da sie eine der frühesten christlichen Stätten in Großbritannien aus dem 6. Jahrhundert ist. Es ist die einzige piktische Klosteranlage, die bisher in Schottland gefunden wurde! Kein Wunder, dass sie auch „Das Iona des Ostens" genannt wird.

Im Inneren der alten Pfarrkirche werde ich freundlich begrüßt.

„Was führt Sie hierher?" fragt mich der ältere Herr mit einem immer noch schönen Lächeln und einem Blitzen in den blauen Augen, als sei er grade erst 17 geworden.

„Ich interessiere mich für die Pikten und deren Symbolsprache meiner Ahnen!" antworte ich ebenso lächelnd.

„Dann sind sie hier genau richtig!" Der freundliche Herr gibt mir eine sehr informative Führung durch die Ausstellung, was mein Glück ist, denn ich hätte niemals so viele interessante Dinge erfahren ohne sein Fachwissen.

Große und kleine Steinplatten zeigen die wunderbare piktische Kunst. Rinder, die ihr neugeborenes Kälbchen ablecken, ein Wildschwein. Oder auch einen gefährlichen Drachen, der fast lebendig erscheint.

Die Pikten waren absolut begabte Bildhauer. Ihre Symbole waren sehr raffiniert und wurden zu einer Zeit hergestellt, als Schnitzereien in anderen Bereichen rudimentär waren. Die Symbole sind eine Mischung aus christlichen und heidnischen, realistischen Figuren, biblischen Referenzen und mythischen Tieren.

Ich kann mich gar nicht satt sehen an den vielen Artefakten.

Die berühmten Symbole sind einzigartig für die Pikten. Ihr Zweck und ihre Bedeutung sind noch unbekannt, aber sie erscheinen über einen langen Zeitraum auf Steinen und Schmuck. Ich bin der Meinung, dass die manchmal allein in der Landschaft stehenden Steine für vielerlei Zwecke genutzt wurden. Quasi wie eine Litfaßsäule. Auf manchen sind auch Kriegsszenen zu sehen. Manchmal sind es auch meines Erachtens nach Markierungen, wessen Land dies ist, oder auch heidnisch sowie christliche Symbole.

Manchmal deuten die Zeichen auch auf Verwandtschaftsverhältnisse hin und zeigen, welchem Clan was gehört.

Viele haben auch sogenannte Cup Marks – schalenförmige Vertiefungen die in immer wieder kehrenden Mustern in die Oberflächen der Steine geschliffen wurden.

Auf einmal stehe ich vor einer steilen Treppe hinunter zur Krypta. Irgendeine Schwingung lässt meine Schritte langsamer werden. Wenn ich in der Magengegend ein seltsames Gefühl dieser Art habe, dann hat das immer nichts Gutes zu bedeuten!

Man muss schon vorsichtig gehen, denn die Stufen sind ein wenig unterschiedlich.

Angekommen in dem Gewölbe artigen Raum schließe ich für einen kurzen Moment meine Augen.

Ich sehe andächtig betende Menschen, Mönche die eine Messe halten und dann plötzlich aus der Stille des Gebetes heraus ein ungeheurer Lärm!

Ich höre wie Waffen klingen und ich muss mich aus diesem Bild, welches vor meinem geistigen Auge abläuft ganz schnell herausreißen.

Wie ich später erfahre, war dieser Ort ja ursprünglich eine piktische Klostersiedlung. Diese wurde leider im 8. Jahrhundert von den Wikingern überfallen. In der Kirche wurden die sterblichen Überreste von Mönchen gefunden, welche allesamt eines gewaltsamen Todes gestorben sind.

Doch irgendwie hat diese uralte Stätte des Glaubens auch etwas Mystisches. Die groben Steine in ihrer Einfachheit, die kleine Altarnische auf der linken Seite, das grüne Moos welches an den Wänden emporwächst und die Nische mit den Buchstaben Christie, lassen sich den menschlichen Geist auf das Wesentliche konzentrieren.

Im Inneren des Kirchenraumes kann man sogar die frei gelegten Gräber, nur durch ein Gitter, bzw. Panzerglas begutachten.

Ich schaue mich jedoch lieber noch in dem kleinen Souvenirladen um und kaufe mir zum Abschluss einen Anhänger mit einem piktischem Symbol. Das soll bekanntlich Glück bringen und den Träger vor Unheil beschützen!

Es geht weiter auf dem Trail der Pikten.

Entlang der Route können kann man weitere wunderschöne piktische Relikte entdecken. Bilder auf großen christlichen Kreuzplatten, Piktensteine uvm- Alleine schon die Landschaft ist wie aus einer Filmkulisse. Malerische Fischerdörfer, mit kleinen Häfen, dramatisch auf Meeresklippen hoch oben positionierte Leuchttürme, fügen sich in das fruchtbare Ackerland nahtlos ein.

Auf dem Weg von einer archäologischen Sensation zur anderen, kann man mit etwas Glück auch Wale und Delfine sehen!

Sogar Fossilien sind an den meist sehr einsamen Stränden zu finden.

Auf einer kleinen Anhöhe zwischen herrlichen Wildblumen gelegen, befindet sich der Shandwick Stein. Durch Panzerglas geschützt steht diese beeindruckende Steinplatte als Wahrzeichen für lokale Boote für jedermann sichtbar seit vielen Jahrhunderten an diesem von wilden Winden zerzaustem und dennoch außergewöhnlich romantischem Ort.

Zum Meer gewandt zeigt er ein großes Kreuz nebst ineinandergreifenden Spiralen. Auf der dem Meer abgewandten Seite, befinden sich fünf Tafeln mit Doppelscheibensymbol über einem piktischen Tier, während eine andere Jagdszenen beschreibt. Da kämpfen Männer mit Schwertern bewaffnet gegen Jäger mit einer Armbrust. Umgeben wird das Ganze von Schlangen, die sich in ihren eigenen Körper beißen.

Der Shandwick Stein heißt auf Gälisch „Clach a 'Charaidh" was so viel bedeutet wie „Stein der Gräber".

Bis ins Jahr 1889 wurde dieses Areal als Grabstätte beschrieben, die zuletzt während der Cholera Epidemie 1832 genutzt wurde.

Hier auf dieser Anhöhe versuche ich seltsamen Klängen auf die Spur zu kommen. Ein wenig wie aus einer anderen Welt klingen diese sphärischen Töne durch die Landschaft.

Doch recht schnell habe ich den Ursprung der Melodie des Windes gefunden. Dadurch, dass dieser Stein in Glas geschützt wurde, entstehen an den stählernen Verbindungsstellen ähnlich wie bei Orgelpfeifen Luftströme. Irgendwie passt dies ungewollt zu dieser Loction.

Doch der Trail ist noch lange nicht zu Ende! Wer ihn sich anschauen möchte, sollte es auf gar keinen Fall verpassen, sich auch noch den „Nigg Stone" in, wie der Name schon vermuten lässt, Nigg anzuschauen. Auch dieser ist reich mit Ornamenten, wie Schlangen, Adlern und Löwen verziert. Er zeigt eine Episode aus dem Leben des heiligen Paulus – eines Einsiedlers, ebenso wie die biblische Geschichte von David wie er den Löwen getötet hat.

Ich beschließe noch der kleinen Meerjungfrau des Nordens einen Besuch abzustatten. Sie ist das schottische Äquivalent zur kleinen Meerjungfrau in Kopenhagen.

Sehr malerisch direkt küstennah im Meer im Fischerörtchen Balintore positioniert, zieht die bronzene Statue, im Jahre 2007 vom Künstler Steve Hayward von Hilton entworfen, viele Bewunderer an.

Sie sitzt auf einem Felsen der in Gälisch auch „Clach Dubh" – „Schwarzer Felsen" genannt wird.

Ich parke mein Auto und laufe über die großen Wackersteine hinunter zum Strand. Irgendwie fühle ich mich hier fast ein bisschen wie zuhause. Ich habe ja in einem meiner früheren Bücher dem „Zauber von Avoch" beschrieben, dass ich denke, schon einmal hier gelebt zu haben.

Es riecht nach Seetang und die feuchte Meeresluft öffnet die Sinne für die Schönheit dieses Märchenhaften Platzes. Ich habe auch schon die kleine Meerjungfrau in Kopenhagen besucht. Diese ist an einem Industriehafen gelegen und Hans Christian Andersen, nach dessen Märchen sie geschaffen wurde, hat sich die Szenerie mit Sicherheit nicht zwischen Kaminen und Anlagen der Petrochemie vorgestellt.

Hier ist es wesentlich romantischer und kein Bauwerk oder rauchender Schlot stört diesen Platz. Nur die Meerjungfrau und das weite Meer ergeben eine perfekte Sinfonie.

Ich versuche nicht auf den glatten Steinen auszurutschen, denn schon bald kommt die Flut und ich muss mich beeilen meine Fotos zu knipsen, wenn ich nicht zurück zum Ufer durch die eiskalte Nordsee schwimmen will.

Sie ist einfach von allen Seiten perfekt und somit wird sie auch von allen Seiten fotografiert.

Erzählungen von Meerjungfrauen sind tief in den Köpfen der Menschen von Easter Ross verwurzelt. Der Legende nach hat ein Fischer aus Liebe eine wunderschöne Meerjungfrau entführt um sie zu heiraten. Aus Angst sie könne ihn wieder verlassen hat er einfach ihren Fischschwanz versteckt! Doch Jahre später, als sie ihm seine Kinder geboren hatte, fand sie durch Zufall ihren Fischschwanz und floh zurück ins Meer.

Doch kehrte sie regelmäßig ans Ufer zurück, um ihren hungrigen Kindern Fisch zu bringen.

Mit dieser schönen Geschichte im Geiste, laufe ich zurück zum Ufer und beschließe mir mit Blick auf die den Geist beruhigende Szenerie bei einer guten Tasse Tee auf mich noch ein wenig wirken zu lassen.

Vielleicht kommt ja dann grade in diesem Moment die Meerjungfrau vorbei – wer weiß!

Danksagung

Ich danke den Personen, die es mir ermöglicht haben, auf meine Reisen der besonderen Art zu gehen. Ich danke auch den Menschen, welche mir mit ihrem uralten Wissen sehr viele Geschichten und Legenden zu den bereisten Plätzen erzählt und erklärt haben! Ich danke ebenfalls für die magischen Momente, die ich dadurch erleben durfte!

Vor allem aber danke ich meinen Freunden und meiner Familie, die mit einer Engelsgeduld meine Vorhaben unterstützen und mein größter Kraftquell in meinem Leben sind!

In Liebe

Susanne Klimt

Susanne Klimt

Susanne Klimt ist seit fünfunddreißig Jahren Seherin, Kartenlegerin, Expertin für weiße Magie und paranormale Phänomene. Zahlreiche Fachbeiträge, Bücher und ihre Medienpräsenz im TV haben sie über die Grenzen Europas hinaus bekannt gemacht. Ihr ganz besonderes Interesse gilt dem Aufspüren von uralten Ritualplätzen, magischen Orten und mystischen Begebenheiten. Sie reist durch ganz Europa, um ihren Lesern diese sagenumwobenen Plätze und Bauwerke näher zu bringen.

Susanne Klimt ist ebenfalls Expertin für Großbritannien. Mit ihren Seminaren in England und Schottland vermittelt die Autorin den Teilnehmern die alten Traditionen und Geschichten. Sie setzt sich für die Erhaltung des Brauchtums ein und vermittelt auf ihre humorvolle Art dem Zuhörer die uralten Legenden. Sie ist ebenfalls Künstlerin. Sie illustriert ihre Publikationen selbst und malt Wahrsagekarten sowie Energiebilder. Als eine der letzten Sigillenmalerinnen erhält sie die Kunst der klassischen weißen Magie. Auch ist sie als Malerin für schottische Landschaftsszenen weltweit bekannt.

In Schottland nennt man sie deshalb auch „The Princess of the hidden mysteries“ – „Die Prinzessin der verborgenen Mysterien“.

Mit ihren Werken setzt sie in der heutigen Zeit wichtige Impulse den Menschen wieder zu sich selbst zu führen und Anregungen zu geben, die mit Hoffnung, Mut und Zuversicht stärken. In diesen bewegten und manchmal hektischen Zeiten ist ihr Motto: „Lebe Dein Leben langsam!“

Weitere Bücher der Autorinnen und Literatur zu vielen interessanten Themen finden Sie im Verlagsprogramm des Ancient Mail Verlags:

Susanne Klimt

Das Lehrbuch der Hexenkunst

Alte weißmagische Rituale

ISBN 978-3-95652-280-2, Paperback
Fadenheftung, Din A5, 308 Seiten,
zahlreiche Farbabbildungen, **€ 24,80**

Für alle Gelegenheiten, auch gegen Pech, Liebeskummer, Erfolglosigkeit, Energieverlust und vieles mehr. Dieses Buch bietet die Möglichkeit, sich selbst und seinen Mitmenschen im weißmagischen Sinne zu helfen und selbst nie wieder hilflos negativen Angriffen ausgesetzt zu sein.
Spielerisch werden Sie Schritt für Schritt in komplexe, dennoch einfach nach zu machende und sehr wirksam schützende Rituale eingeführt. Dazu wird das Wissen um die traditionellen Hexenkräuter, die Fest des Jahreskreises, den richtigen Gebrauch der magischen Werkzeuge, des Ritualschutzes und vieles andere mehr vermittelt.
Weiße Magie und uraltes hexenwissen kombiniert mit uralten Zaubersprüchen ergeben eine einzigartige Mischung aus lichtvoller Ritualarbeit. Somit wird es zum wahren Schatz für alle Menschen, die mit anderen Lebewesen, der Umwelt und sich selbst harmonisch umgehen wollen.
Susanne Klimt, »Die Seherin ®« ist seit über 25 Jahren als weiße Hexe, Expertin für paranormale Phänomene und Heilerin bekannt. Ihr Name steht für Qualität, rund um die vielfältigen Themen der weißen Magie. Zudem bildet sie als Großmeisterin der weißen Magie Menschen in der Hexenkunst aus. Durch ihre langjährige Beratertätigkeit bleibt sie am Puls der Zeit und verbindet altes Wissen mit dem hier und heute. Als Fachautorin schreibt sie für namhafte Zeitschriften und ist durch ihre Medienpräsenz im Fernsehen bekannt.

Susanne Klimt

Magische Orte in England und Schottland

ISBN 978-3-95652-057-0, Paperback, Din A5, 136 Seiten, 69 Farbfotos, **€ 14,90**

Großbritannien bietet mit seiner Jahrtausende alten Historie, sowie unzähligen Sagen und Legenden, einen wahren Schatz für Orte der „besonderen Art"!

Burgen, Steinkreise, atemberaubende Landschaften und so manch guter Geist finden sich in den Erzählungen von Susanne Klimt wieder. Sie ist seit vielen Jahren Autorin, Expertin für paranormale Phänomene und Seherin.

Kommen Sie mit auf eine Zeitreise in ein Land, wo die Vergangenheit im Heute gelebt wird, keine alten Traditionen vergessen werden und Fabelwesen ihr zuhause haben!

Magische Orte in Europa

ISBN 978-3-95652-090-7, Paperback, Din A5, 154 Seiten, 135 Farbfotos, **€ 14,90**

Europa bietet mit seiner Jahrtausende alten Historie, sowie unzähligen Sagen und Legenden, einen wahren Schatz für Orte der „besonderen Art"!

Faszinierende Plätze, imposante Bauwerke, atemberaubende Landschaften und so manch spannende Legende finden sich in den Berichten von Susanne Klimt wieder.

Sie ist seit vielen Jahren Autorin, TV Moderatorin, Künstlerin, Expertin für paranormale Phänomene und Seherin.

Mit ihren Reisen zu den magischen Orten dieser Welt, nimmt sie den Leser mit an die mystischen Plätze und teilt ihren außergewöhnlichen Wissensschatz mit ihren Fans.

Susanne Klimt

Die original Wahrsagekarten der Seherin

ISBN 978-3-95652-010-5, Paperback,
45 Farbabbildungen, 113 Seiten, **€ 16,50**

Die Wahrsagekarten der Seherin sind nach uralter Tradition von Susanne Klimt persönlich gemalt worden. Mit ihrem uralten Wissen über die Kunst des Kartenlegens hat sie diese Karten persönlich geweiht und gesegnet. Jede einzelne Karte besitzt eine magische Kraft und zeigt dem Ratsuchenden äußerst präzise zukünftige Ereignisse.

Liebe, Beruf, Geld oder allgemeine Ereignisse, die Wahrsagekarten der Seherin geben auf viele Fragen eine Antwort. Selbst Zeitangaben, wann die Dinge geschehen werden, können mit diesem Kartendeck gedeutet werden.

Außergewöhnlich ist, dass dieses Buch sowohl dem Anfänger, als auch dem fortgeschrittenen Aufschluss geben wird.

Schritt für Schritt wird jede Karte in ihrer Bedeutung beschrieben und auf spielerische Art und Weise zu einem aussagekräftigen Gesamtbild zusammen gefügt. Innerhalb kürzester Zeit erlernt der Leser, wie er sicher und schnell selbst ein großes Kartenbild deuten kann. Die Karten der Seherin werden jedem der sie nutzt ein hilfreicher Begleiter in allen Fragen des Lebens sein!

Das Original-Kartendeck zum Buch ist zum Preis von **€ 28,50** ebenfalls beim Verlag erhältlich. Im Set mit dem Buch zusammen können Sie Kartendeck und Buch zusammen für **€ 39,50** beziehen.

Susanne Klimt und Daniela Mattes

Hellsehen in Theorie und Praxis

ISBN 978-3-95652-281-9, Paperback, Din A5, 88 Seiten, 13 Farbabbildungen, **€ 12,50**

Hellsehen – was ist das eigentlich? In diesem Buch, das in Theorie und Praxis unterteilt ist, erfährt der Leser zunächst alles Wissenswerte über Hellsehen und die verschiedenen Arten der außersinnlichen Wahrnehmung, bevor es im Praxisteil mit der Seherin Susanne Klimt weitergeht.

Sie geht auf Fragen ein, mit denen hellsichtige Menschen häufig konfrontiert werden. Was macht so eine Seherin und was und wie sieht sie die Ereignisse? Was kann man überhaupt vorhersagen und wo sind die Grenzen? Gibt es ein Verfallsdatum für Vorhersagen und woher kommen diese überhaupt? Können Hellseher auch Kontakt zu Verstorbenen herstellen oder mit dem Schutzengel der Klienten in Verbindung treten? Kann man Hellsehen lernen und wie?

Unsere Welt ist voller Rätsel –
Wir wollen helfen, sie zu lösen!

Bücher und Informationen zu den Themenkreisen Archäologische Rätsel dieser Welt, Paläo-SETI, Grenzwissenschaften, Sagen und Mythen.

Fordern Sie einfach *kostenlose* weitere Informationen an – per Postkarte, Fax, Telefon oder eMail beim

Ancient Mail Verlag • Werner Betz
Europaring 57, D-64521 Groß-Gerau
Tel. 00 49 80) 61 52 / 5 43 75, Fax 00 49 (0) 61 52 / 94 91 82
eMail: ancientmail@t-online.de
www.ancientmail.de